イタリアの街角から

スローシティを歩く

陣内秀信

Jinnai Hidenobu

弦書房

〔装丁〕毛利一枝
〔大扉、各章扉イラスト〕なかだえり

イタリアの街角から◉目次

Ⅲ 北イタリアのスローシティ

Ⅳ　イタリアのスローシティから学ぶもの

＊本文中の写真について、撮影者名がないものは著者撮影のもの。

はじめに

私のイタリアとの付き合いもずいぶん長くなった。石造りの国だけに、街の姿は表向きはあまり変わらないように見えても、実は中身や人々の意識、ライフスタイルはだいぶ変化した。

イタリアの都市がその歴史の蓄積を活かし、再び輝いたのは、一九七〇年代の中頃からだ。ボローニャの旧市街での再生の成功がまず、ヨーロッパの注目を浴びた。革新自治体のもと住民参加を通じて、スラム化しかかっていた都心の古い町並みがコミュニティとともに見事に蘇ったのである。

八〇年代、イタリアはすこぶる豊かになった。トリノ、ミラノ、ジェノヴァの産業の三角地帯を中心とする大企業が主役の重化学工業に依存した経済基盤が急速に崩れ、それに変わって、起業家精神をもつ家族経営の中小企業が台頭し、ファッション、デザインを筆頭に、付加価値の高い産業を発達させたのだ。エミリア・ロマーニャ、ヴェネト、ロンバルディアの一部などを中心に広がる「第三のイタリア」と呼ばれる地域が主役に躍り出て、イタリア経済の黄金時代を築いた。アルマーニのスーツが日本を席巻し、ティラミスブームが起きたのは記憶に新しい。小さなまちが底力を発揮し、文化的にも経済的にも元気を発揮し、いかにもイタリアらしい特徴をアピールしたのである。

しかし、それはいつまでも続く訳がなく、中国の台頭でイタリア経済が脅かされ、さらに世界的な経済不況が追い討ちをかけ、厳しい状態が続いていると聞く。それでも蓄積を活かし、人々の暮らしはあわてず、騒がず、相変わらず豊かなのが羨ましい。

そんな中、同じ状態に悩む日本にとっても示唆的な新しい動きが、今のイタリアにいくつか見られる。まずはヨーロッパの他の国とも共通した、歴史、文化の蓄積を活かしアートの力も導入するクリエイティブシティ（文化創造都市）を目指す動きだ。ジェノヴァ、ミラノ、トリノ等がその代表。でも考えてみれば、イタリアの小さな都市のそれぞれに、歴史、文化、芸術の蓄積があり、それはどこにも起こりうる。

最も今のイタリアらしいのは、都市のまわりに広がる豊かな田園の魅力を再発見したことだ。一九八〇年代にそれが起こった。もともとこの国は、城壁に囲まれた都市とそのまわりに広がる肥沃な田園との間に密接な繋がりがあり、互いに支え合っていた。都市化、工業化が進んだ近代には、農業地域は衰退の一途をたどったが、今、文明が一回りして、その田園に光が当たってきたというわけだ。

グローバリゼーションの象徴、アメリカ的なファーストフードに対抗すべく登場したスローフードは、いかにもイタリアらしい文明批評の文化運動だ。地産地消を目指すこの運動とともに、都市周辺の農地が重要視され、田園の価値が再認識された。その動きは、まちづくり全体にも及び、「チッタズロー」（スローシティ）と呼ばれる。本物の食文化と同様、土地の自然、歴史、文化、生活のあらゆる資産を掘り起こし、現代的に価値を加えて、そこにしかない豊かな暮しと個性的な地域づくりを実現しようとするものだ。人口五万人以下の都市が対象で、「スローシティのための五五の指針」に則ってまちづくりを行う。日本では、私の友人の建築家、松永安光氏が『地域づくりの新潮流—スローシティ、アグリツーリズモ、ネットワーク』（彰国社、二〇〇七年）で初めてその内容を詳しく紹介した。スローシティ運動は今や大きな広がりを見せ、イタリアでは五〇近くの街が加わり、世界各国に影響力を持ち始めている。本書に登場する街でこの連合体に加入しているのはトラーニとブラのみだが、その精神はどの街にも共通していると言えるのだ。

もうひとつの顕著な動きは、南イタリアの都市が元気になっていることである。北の人達の南への偏見がいまだ強く、南イタリアの後進性や貧しさがいつも強調される。もちろん、中北部の豊かなイタリアとは比べるべくもないが、南イタリアを一貫して見ていると、この一〇年間の旧市街の蘇りには目を見張らせるものがある。ここでも、自然の恵みと歴史の蓄積がその底力の秘密であるのは間違いない。

本書では、イタリアの都市とそのまわりの田園に見られるこうした新しい動きを様々な角度から紹介し、同時にこの国の変わらぬ魅力、価値を語りながら、日本の我々の問題にも思いを向けてみたい。

ヴェネト州
ヴィチェンツァ
ヴェローナ
パドヴァ
トレヴィーゾ
サクロモンテ山
ミラノ
サビオネータ
マントヴァ
ヴェネツィア
リグーリア州
パルマ
ボローニャ
ジェノヴァ
ラヴェンナ
ポルトフィーノ
ラ・スペンツィア
チンクェ・テッレ
フィレンツェ
ポルト・ヴェーネレ
ピサ
アドリア海
リグーリア海
サン・ジミニャーノ
シエナ
グッビオ
トスカーナ州
アッシジ
ペルージア
ピエンツァ
モンテルーコ山
ピティリアーノ
スポレート
ローマ
ティボリ
ポリニャーノ・ア・マーレ
バルレッタ
モノーポリ
トラーニ
チステルニーノ
バーリ
ナポリ
オストゥーニ
イスキア島
プーリア州
レッチェ
アルベロベッロ
アマルフィ
マルティーナ・フランカ
サルデーニャ島
ヌーオロ
サンタ・クリスティーナ
ウラッサイ
カブラス
オートラント
ガッリーポリ
ティレニア海
カリアリ
シリークア
イオニア海
ノーラ
モンレアーレ
パレルモ
エトナ山
タオルミーナ
シチリア島
シャッカ
シラクーザ
地中海
本書で紹介したイタリアの主な都市

I　南イタリアのスローシティ

1　南の豊かさ

二〇〇九年、この夏も、研究室の学生達と、恒例となった南イタリアのプーリア地方の調査に出掛けた。長靴形の国土のちょうど踵《かかと》にある。豊かな自然に恵まれ、丘の上にも海辺にも個性派の街が点在し、旅情を楽しむのに最高の土地だ。

地中海世界らしく、どの街も古い歴史を誇り、地形の変化を巧みに読んでつくられた一品作品としての面白さをアピールしている。堂々たる教会が聳《そび》える広場が街の象徴的な中心を形づくるが、一歩裏へ入り込めば、人々の日常生活の場は、複雑な迷宮空間。どんな風に街がつくられ、いかに人々が暮らしているのか、興味が尽きない。

ヨーロッパは石の文化と言われるが、実は嘘だ。壁は石か煉瓦だが、床や屋根を支える部分は木造だし、アムステルダムもロンドンもルネサンスの後まで、普通の建物は木造に近かった。それに対し、プーリア地方は正真正銘の石の文化を誇る。庶民の家も屋根まですべて石造で、室内空間も迫力がある。

一方、このプーリア、新鮮な素材を活かした料理でも定評がある。オリーブオイルはトスカーナ以上に美味しいし、近年におけるワインの品質向上も目覚ましい。野菜の豊富さにも驚かされる。そして魚や貝を生で食べる文化習慣は、我々日本人を感動させる。

路上での女同士の会話。南イタリアらしい光景のひとつ。バルレッタ
〈16-17頁上〉オストゥーニ、丘上に広がる旧市街　**〈16頁下〉**オートラント、城壁外に広がるプレジャーボートのマリーナ　**〈17頁下右〉**外階段が立ち上がる袋小路。チステルニーノ　**〈17頁下左〉**ホテルに改装された貴族の邸宅の広間。オストゥーニ（鈴木知之撮影、５点とも）

長らく近代化から取り残され、知る機会も少なかったこのプーリアが、ここへきて急に注目されつつある。特に、お金持ちになったイギリスの人達が、トスカーナ地方よりもプーリア地方に眼を向け、田園の農場をどんどん買って、別荘にしているという。安い値段で真の豊かさと幸せが手に入ることに英国紳士達が目覚めたという訳だ。

このプーリアをはじめ南イタリアは、私達の調査にとって理想の場所。建物や街の空間が面白く、しかも人々がホスピタリティーをもち、温かく迎えてくれる。その上に食事が美味しく、元気を回復できる。考えてみると、この三つはどれも文明の高さを示す指標であり、二一世紀的な豊かさと幸せを求める上での重要なテーマなのだ。

2 バカンス・帰省の文化

南イタリアのプーリア地方には、背後に肥沃《ひよく》な田園をもつ魅力的な街が点在する。二〇〇九年は、その中から厳選して、海を望むポリニャーノ・ア・マーレ、内陸の白い街として人気のオストゥーニなど、五カ所を訪ねた。しかも、あえてバカンスシーズンの八月に。普通、ヨーロッパでは夏の間、住民はバカンスに出て街が空っぽになるから、とても調査にならないと考えがちだが、それは大都市のこと。特に南の小さな街は事情が逆だ。移民として外国に住む人々、大都市に仕事や勉強に出た人々が故郷で家族、親族とゆっくり長期の休日を楽しむべく、大挙して帰省する。イタリア人の家族の繋がりと愛郷心の強さを、嫌というほど知らされる時期でもある。日本のお盆の帰省とは比較にならない伝統文化だ。

戦後の高度成長期、日本と同様、イタリアの田舎町はどんどん人口を失った。普段は少し寂しげな地方の小都市に活気が戻り、賑わいや生命感が溢れるのが、八月なのだ。それに合わせるかのように、聖母マリアの被昇天《ひしょうてん》の祭礼をはじめ、宗教的祭りが多い。

長く続いた移民や大都市への移住の時代が終わり、近年、南イタリアでも、小さな魅力ある街が蘇る兆候を見せ始め、帰省という社会習慣の在り方にも新たな現象が強まっている。どうせどこかに夏用の別荘をもつなら、愛着のある故郷にと考える家族が増え、旧市街に放置されてきた空家が夏の家として再生されつつあるのだ。一カ月もの間、故郷で家族、友人とバカンスを楽しみ、心の洗濯をする幸せ一杯の人々に数多く出会った。冬場は閉じている家も開き、開放的気分に満ちた夏場は、我々の調査にも最高の時期となる。

そもそも、バカンスの考え方も変わってきた。美しいビーチ近くに近代的な夏の家を求めて過ごしていた人々が飽き足らなくなり、古い街の面白さを発見したのだ。身体寸法

ポリニャーノ・ア・マーレ、海に突き出す断崖絶壁上の旧市街
〈21頁上〉洞窟状の室内空間。オストゥーニ　〈21頁中〉袋小路の近隣コミュニティ。オートラント
〈21頁下左〉夕方の路上風景。オートラント　〈21頁下右〉プリミティブな住居群。マルティーナ・フランカ（鈴木知之撮影、5点とも）

（ヒューマン・スケール）でできた個性豊かな旧市街の歴史的な住宅を修復再生し、自分らしさにこだわって、夏の生活を楽しむ家族が急速に増えている。

こうして、地方の過疎で悩んだ小さな街が蘇ってくる現象は、日本の現状にとってもおおいに参考になる。

3　アグロタウン

南イタリアやスペインのアンダルシアをはじめ、地中海世界には、城壁で囲まれ、立派な都市としての面構えをもちながら、実際には、農民が大半だったという街が多い。早朝、日の出とともに城門を出て、徒歩かロバや馬に乗って農地に行って働き、日没とともに街へ戻る。多くは地主のために働く小作人だった。この夏に訪ねたプーリア地方でも、丘の上の白く輝く街々でそんな話が聞けた。

城壁の文化を持たなかった我々日本人は、城壁や城門を見ると、その内側には都市民として商人や職人が住んでいたと勝手に思いがちだが、事実はまったく違う。中世にできた街の複雑に入り組む迷宮内部を歩いても、店や職人の工房向きの場所は限られている。

もっぱら農業従事者からなるこういった街を、経済学や社会学では英語でアグロタウンという。街の中には馬やロバが多く行き交い、鶏なども沢山飼われていた。馬小屋の跡も多く、馬を止める鉄の輪が壁のあちこちに残る。

家畜は家族と同様に重要で、馬が人間と同じ入り口から出入りしたとか、奥の部屋に飼《かい》葉桶《ばおけ》の痕跡があるという話をよく耳にする。牧畜が命の中部サルデーニャでは、一階に動物小屋を置き、冬はその体温で二階に住む人間の暖をとったという。

昼間は外で働く農民の街だけに、家は狭くても別に構わなかった。子沢山の家族が、カーテンで仕切って、一部屋に一緒に寝ていたそうだ。一方で、大土地所有者の貴族は、街の主要街路に面した立派な館（パラッツォ）に、使用人を置いて優雅に暮らした。

こうした古い街は、表向きよく保存されているように見えて、実はその都市機能は大きく変化してきたのだ。もはやアグロタウンの要素はだいぶ減った。近代の衛生思想の広がりと自動車の普及で、一九七〇年頃には、馬やロバは姿を消していった。

今は、バカンス用の奇麗な別荘やお洒落なレストラン、バーに姿を変えた空間も多い。そこが日本にはないイタリア都市のダイナミックな再生の姿だ。

豊かな田園風景と海への眺望。オストゥーニ（鈴木知之撮影）

パラッツォをコンバージョンしたレストラン。オストゥーニ（鈴木知之撮影）

4　トゥルッリ

世界に誇るプーリア地方の石の建築を象徴する世界遺産として、アルベロベッロの街が有名だ。円錐《えんすい》形ドームの民家「トゥルッリ」が連なる風景は、ユーモラスでお伽の国を思わせる。層状に採れる石灰岩を積んでドームを架ける伝統技術は、民衆の知恵の結晶だ。正確には、一部屋だけの建物はトゥルッロ、円錐形のドームの屋根を複数もつ建物はトゥルッリとなる。

トゥルッリの起源についてはいろいろな説があるが、メソポタミアあるいは北アフリカから、クレタ島、ギリシアを経て南イタリアに伝わったとする説が有力で、語源的にもギリシア語でドームをもつ円形の建物を表わす「tholos」に由来するとされている。

プーリア地方にはトゥルッリの文化を支える背景が揃っていた。石灰岩、凝灰岩の層の上にあり、建築材料にはことかかなかった。自分の建物の基礎工事や貯水槽のために掘り下げられた穴からも豊富に石材を採ることができた。

トゥルッリは内側と外側で、異なる層から採れる石灰岩を巧みに使い分けて造られている。内部は切石を円環状に積み上げ、外部は薄い岩を何層にも重ねて雨水を防ぐように仕上げている。屋根に積んだばかりの石灰岩は明るい色をしているが、長く空気に触れている間にかびや微生物が付き、黒っぽい風合いのある色に変わる。濃灰色の屋根の下の外壁の部分には石灰が塗られており、太陽の下で白く輝いている。繰り返し石灰を塗るため、その層の重なりで独特の丸みや歪みが生まれ、新しい建築にはない風合いが出る。

トゥルッリの最大の特徴は、石灰岩の切石をモルタルを使わずに積み上げて造ることにあるが、これに関しては面白い言い伝えがある。古い時代、このような贅沢な建造物を造ることは禁じられていた。そこで、領主が見回りにくる時に、その直前に一夜にして壊すことができるように、このような空積みの工法が考案されたというのだ。

このトゥルッリの民家は、元は農家の形式で、美しい田園に点在するのが本来の姿。アルベロベッロに近い、丘の上の白い街、チステルニーノ周辺の田園にも、可愛いトゥルッリ民家が無数に分布している。

ここは私にとって懐かしい街。ヴェネツィアに留学していた三五年程前、素朴なこの田舎町の美しさに惚れ込んで、私は幾度となく夜行列車でこの地に通った。大都市に若者が流出するちょっと寂しい話を当時、よく聞いた。

今、プーリア地方が元気になったのと軌を一にして、チステルニーノの経済や文化にも再生の兆しが現われ、旧市街の白い迷宮空間も、周辺のトゥルッリが点在する田園も、その歴史・文化的価値が脚光を浴びるようになった。隔世の感がある。独特のトゥルッリ建

〈28-29頁〉アルベロベッロ、トゥルッリの並ぶ街並み（鈴木知之撮影）

設の伝統技術を受け継ぐのは難しく、絶滅種とも考えられた。それが今では、マエストロから学んだ若者の手で、新たな建設が可能になったという。

イタリアでは、田園風景の価値の再発見は一九八〇年代から始まる。独特の美を誇りながらも、政治的後進地だったこの地域の田園に、遂にその文化の波が届いた。七〇年代、田園には鉄筋コンクリートの近代的な郊外住宅が次々に建ち、風景を損ねていたのに、今ではそれが禁止されたというから凄い。

古いトゥルッリを修復再生し、また新築のトゥルッリを実現すれば、隣に在来工法と伝統的材料を用いた新たな建物部分を増築することも許される。

チステルニーノやオストゥーニ周辺の田園は、こうしてトゥルッリを特徴とする文化的景観を守り、育てる方向に未来を賭けた。トゥルッリをもつ田園の週末住宅やアグリトゥーリズモの複合施設が幾つも誕生している。東欧からの移民の手も借りて農業が生かされ、都市と田園の結びつきが蘇っているのも、今のイタリアの新潮流だ。

5 ガストロノミア

イタリアは食いしん坊の国だ。定評のあるトゥーリング・クラブ・イタリアーノのガイドブックを開き、それぞれの街の解説を見ると、地理、歴史の概略の次に来るのは、何とガストロノミア（食道楽または美食法）とワイン。その後に、訪ねるべき建築・美術などの見所の説明がくる。料理文化にこだわる点は、日本とそっくりだ。

プーリア地方の美味しい料理も、恵まれた気候と肥沃な土地の賜物だ。幾重もからなる厚い石灰岩の層ばかりで、その上に僅かな腐植土がのるだけに見えるのに、植物は逞しく根を張って成長し、強い日差しから殻で身を守りながら、濃厚な味をもつ野菜や果物を生み出す。農業灌漑《かんがい》も進んでいる。

プーリア地方の料理の特徴は、新鮮な野菜や魚介類をシンプルに調理する自然さにある。オードブルが実に豊富で、レストランで注文すると、「いろいろな種類の前菜（アンティパスト）を味わってみませんか」と必ず勧められる。ブロッコリーや大きなピーマン（ペペローネ）等の野菜料理、そして海辺の街なら生の魚介類が次々に運ばれ、それだけでお腹がいっぱいになる。

プーリアの経済基盤として、農業は観光と並び重要だ。この州のオリーブ・オイル、ト

素材の鮮度を活かしたプーリア料理（鈴木知之撮影）

マトの生産量はイタリア随一で、国内最大の農業地帯となっている。新鮮な野菜はヨーロッパ各国へもトラックで、高級品は空輸で輸出されているという。プーリアを回っていると、田園がよく耕作され、野菜畑やオリーブ畑、果物園が広がっているのに感心させられる。

ワイン造りもギリシア時代から活発で、ネグロ・アマーロやプリミティーヴォという土着のブドウ品種によるワインは評判が高い。ヴェネトに次ぎイタリアで二番目の生産量を誇るばかりか、品種改良も進み、DOC（イタリアのワイン法による格付）に分類されるいいワインも急増している。

一方、海もきれいで、漁業も活発だ。島の街、ガッリーポリで調査した時には、「職業は漁師だ」という人達が圧倒的に多いのに驚かされた。アグリトゥーリズモ（農業観光）の漁業版、ペスカトゥーリズモ（漁業観光）も生まれている。

6 アグリトゥーリズモ

近代化の流れの中で元気を失った農山村をいかに活性化するかは、日本にとっても大きな課題だが、イタリアの近年のアグリトゥーリズモの隆盛ぶりには、学ぶ点が多い。この国の都市、地域の再生の動きには、「歴史の恵み」と「自然の恵み」を活かすという発想が強いが、アグリトゥーリズモはまさにそれで成功している。イタリアの田園は、美しい自然をもつばかりか、その周辺には多様な歴史の重なりがあるから、ゆっくり滞在し、リフレッシュしながら、同時に知的、文化的な欲求も満足させられる。

アグリトゥーリズモは農業観光、または農場観光と訳される。あるいはその施設をさす。農家の施設を利用して開設され、宿泊機能をもち、レストランとしても使え、大勢でのパーティに利用されることも多い。たいてい庭の一画に、プールもある。

取れ立ての畑の野菜、果物を使い、地元の食材を活かした田舎料理を、文字通り地産地消で楽しめる。葡萄やオリーブを栽培し、ワインやオイルを生産する農場も多い。家畜の飼育も一般的だ。規模も様々で、もともとの農家による経営ばかりか、地主や田園に関心をもつ人々がアグリトゥーリズモの経営に参入する場合もある。

北に位置するアルト・アディジェ州が一九七三年にアグリトゥーリズム支援の法律を公布したのが最初で、一九八五年には、イタリア政府がアグリトゥーリズモの法律をつくった。州法でベッド数等が規定されているが、全般的に、食材の半分以上はその農家で生産されたものであること、農家収入の半分以上は農業収入であることが必要。古い建物の再生が条件だけに、景観を守ることが保証される。認可を得られると、税金が優遇され、家の修復にも援助が得られる。今や、北から南まで、イタリア各地にアグリトゥーリズモが勢いよく広がっている。

南北の二例を紹介しよう。先ずは、ヴェネト州のヴィチェンツァ近郊の「アグリトゥーリズモ・ラルバラ」。典型的な家族経営で、マンマの味が自慢である。

農場は主人が責任をもち、葡萄栽培とワイン生産、各種野菜、果物の栽培に加え、鶏、七面鳥、家鴨、豚など家畜を多く飼い、食卓を彩る。馬を飼育して、まわりの田園でトレッキングを楽しめる。老朽化し、ボロボロだった農家の建物をリノベーションし、見事な施設に蘇った。すでに一五年程の歴史がある。

農業経営の厳しさを感じていたので、アグリトゥーリズモを始め成功したが、競争も激しく、そう簡単ではない、とは主人の弁だが、家族一団となって、美しい田園で、素朴さを活かした素晴らしいビジネスを展開している。

次の例は、南イタリア・プーリア州のオートラント近郊にある「アグリトゥーリズモ・トッレ・ピンタ」。郊外の家並みが途切れ、しばらく田園を歩くと、小高い丘の木立の中に姿を見せる。

両親と一緒に、息子が経営に腕をふるう典型的な家族経営で、元々の母方の家族が所有

「アグリトゥーリズモ・ラルバラ」。ヴィチェンツァ近郊

「アグリトゥーリズモ・トッレ・ピンタ」。オートラント近郊
（鈴木知之撮影）

古代の洞窟につくられた塔状の鳩小屋

してきた土地に、一九九四年に開設された。やはりマンマの味が自慢である。農場の経営が母体としてあり、料理の食材の半分以上は、自分達の農場でとれたものだという。かつては、多くの家畜もいて、ワインも生産していたそうだ。広大な敷地に宿泊施設を分散させ、プールもある。オリーブ畑の中にキャンピング場も設けられている。

このアグリトゥーリズモは、歴史的資産の活用に特徴がある。中世のちょっと厳つい姿の建物を核として、近代の部分が増築され、全体として複合体になっている。中世部分の内部はリノベーションされ、大きな暖炉がついた風格のある数個の客室となって、人気を集めている。

下方に降りていくと、古代の洞窟を活かし、その奥に塔状に石を積み上げた古い鳩小屋がある。見上げると、その塔の内面に鳩の巣となる穴が無数にあけられ、宗教空間にも似た独特の雰囲気を生んでいる。オートラントの観光案内に必ず出てくる有名な歴史的な建造物で、宿泊客やレストランの客はこうした付加価値を同時に楽しめる。実にイタリアらしい、迫力のある自然風土と古い歴史が結びついたアグリトゥーリズモの典型だ。

GALLERY
7

〈40-41頁〉階段が続く白い立体迷宮空間。オストゥーニ（鈴木知之撮影、２点とも）

7　迷宮空間

地中海世界の都市の最大の特徴は、迷宮性にある。特に複雑なのがアラブ・イスラム世界の都市。ヨーロッパだと、イタリア半島の踵にあるプーリア地方の都市が断トツに高い迷宮度を示す。同じイタリアと言っても、中北部では、ヴェネツィアは例外だが、街の構造はだいぶわかりやすくなる。ましてや、アルプス以北のヨーロッパ都市は道も広く、迷宮度が低い。近代の都市は、車のために迷宮性を排除した。

では、迷宮都市は何故生まれたのか。民族間の対立が絶えない地中海世界だけに、外敵から守る意味もあったが、むしろ家族や近隣コミュニティをよそ者から守り、居心地のいい自分達の縄張りを生むための知恵と言える。

プーリアやシチリアの複雑な中世都市の構造にアラブ支配の影響を見る説もあるが、地中海世界全体に共通する遺伝子があると考えた方がよい。気候風土、家の壁が連続する構成、近隣住民の密な繋がり等が似ているのだ。

プーリアの街で、よく道の上に部屋が被さってトンネルになるのも、アラブの街とそっくり。しかも、主要道路から分岐する道の入り口に掛けられ、心理的によそ者が住宅地の奥深くまで入りにくくしている。迷宮は一見、自然発生的に思えるが、実はそこに経験則に基づく巧みな秩序がある。

さすが都市文明を誇る地中海世界だけに、ヘレニズム、ローマの時代以来、明快な計画都市をつくる術もある。丘上に迫力満点で聳える白い街、オストゥーニの迷宮空間にも実は、一二世紀のノルマン時代に、四本の真っすぐな道で計画的につくられた庶民地区が広がる。どれも農民用の小さな穴蔵のような家なのに、斜面に建つため、上階からは素晴らしいパノラマが開ける。

かつては、階段だらけの斜面都市でも、馬やロバには何でもなかった。近代は至って不便なもの。段差があると車が使えなくなり、斜面の上方は毎日の生活には耐えられなくなった。逆に、気分転換の夏のバカンス用には最適なのだから面白い。

8　南のバロック

バロックの建築や都市と言えば、誰もがまず、ローマを思い浮かべるだろう。プロテスタントの台頭に対抗してカトリックの力をアピールし、永遠の都を美しく飾る目的でバロックがローマに生まれた。ローマのバロック造形は、直線街路や広場のデザイン、教会

バロック様式の邸宅が演劇効果を生む街並み。マルティーナ・フランカ（鈴木知之撮影、制作）

レッチェのバロック

オストゥーニのバロック（鈴木知之撮影）

や噴水、オベリスク等にもっぱら見られ、大掛かりな公的装置であった。

だが南イタリアに、もっと面白い知られざる別のバロックの系譜がある。南東シチリアとプーリアのバロックがそれだ。シチリアでは、斜面をダイナミックに活かした迫力満点の教会堂と階段状広場の設計や、私的な邸宅のバルコニーの造形などに、ローマにない独創性を見せる。

我がプーリア地方のバロックはそれをも凌駕する。従来から知られているのは、バロックのフィレンツェとも言われるエレガントな街、レッチェだ。複雑な中世の迷宮的都市構造の上に、一八世紀にバロックの建築が次々に加えられたから、結果として、意外性のある演劇的な都市空間が随所に出現した。バチカンの権力で実現された真っすぐな街路や壮麗な広場が特徴のローマと、そこが違う。

装飾性に富む教会の外観が眼の前に突然現れ、また貴族の館のバルコニーを支える持ち送りの怪獣や女神の彫像は、道を行く人々の眼を悦ばせ、さらには感情移入をそそる。書割り風に街路を飾る建築正面の造形も、バロック都市レッチェのお家芸だ。

しかし、この夏訪ねたマルティーナ・フランカは、小さな街なのに、レッチェ以上にバロック建築の魅力を楽しませてくれた。教会中心のローマのバロックと違い、ここでは、主要街路に連なる貴族やブルジョアの邸宅がこぞってバロックの様式で飾られ、演劇的効果を高める。道の曲がり具合、トンネルによる見え隠れ等、視線の変化を充分に考え、玄関やバルコニーの配置、造形を決めている。

丘上の白い中世の街、オストゥーニにもバロックの要素が見事に挿入されていることを、今回の旅で発見できた。バナキュラー（地域に固有）な立体迷宮都市だけに、バロックの空間演出は実に効果的だ。

中世とバロックという意外な組み合わせは、南イタリア都市の魅力を解く一つの鍵なのだ。

9　路上レストラン

ヨーロッパ都市に魅力を与える要素で、日本に欠けているのが、路上のレストランやカフェだ。衛生管理の厳しさに加え、契約を結んで公共空間を使う習慣が日本にないのが、その理由。

特にイタリアでは、路上レストランは一つの文化だ。映画「フェリーニのローマ」で映し出された、路上で賑やかに食事を楽しむ光景が印象に残る。

折れ曲がる階段を巧みに活用した路上レストラン。オストゥーニ（鈴木知之撮影）

旅の間に訪ねたプーリア地方の田舎町にも、この文化が伝播していた。店舗も限られていた素朴な旧市街の個性的な迷宮空間が再評価され、素敵なレストランが幾つもでき、路上にテーブルが並ぶ。

丘上の白い街、オストゥーニでは、上下を複雑に結ぶ階段状の坂の公共空間を活用して、ダイナミックに路上レストランができていた。もとのパラッツォを取得した女性の経営者がレストランに作り替え、室内をお洒落に改装し、馬小屋も小宴会場に変身した。五月から一〇月までの夏場は、戸外の方がずっと魅力的だ。折れ曲がる階段の途中の踊り場の木陰を利用し、テーブルを巧みに配置する。

オストゥーニの夜の演出はさらにお洒落だ。往来のある階段状坂道に、その公共空間を占用するかのように、堂々と路上バーが出現。ズタ袋のように自在に形や位置が変わるソファにどかっと座って、仲

階段状坂道に出現した開放感満点の路上バー。オストゥーニ（鈴木知之撮影）

間やカップルで夜の屋外空間の開放感を満喫するのだ。

　お隣の都市再生で評判のチステルニーノには、新商売が登場。旧市街の所々に、肉屋経営の路上レストランが開設されている。まずは、この街の名物の肉を店先でいろいろと購入する。店のスタッフはそれを厨房に運んで調理し、客は路上のテーブルでその肉料理を楽しむという趣向。外階段が幾つも立ち上がる白い迷宮状の街路空間全体が、路上レストラン街に変身するのだ。

　三五年前、民家を訪ね実測調査をした、まさにその鄙《ひな》びた田舎町の華麗な転身ぶりに、時の流れを強く感じる。でも、その脇で、古い住民達が家の前に椅子を持ち出してお喋りする昔通りの光景を見て、ほっとさせられた。

10　バルコニーの会話

　南イタリアに特有なものに、バルコニーの文化がある。街路に張り出して、二階や三階に設けられ、家の内と外を結ぶ大切な装置となっている。

　バロック様式の貴族の館では、街を飾る造形要素として重要だったが、後の時代には、上下に積み重なる集合住宅化した庶民の家にも普及し、生活空間の延長として実用的に使われている。

そもそも、南イタリアの人々には、路上の戸外に暮らしが張り出す習慣が強い。一階に住む人が、わざわざ椅子を道に出して、家の中のテレビを見ている光景も珍しくない。家の外と内が繋がっているのだ。洗濯物も路上に干される。かつての日本とも近い。

涼しくなった夕刻から晩にかけ、旧市街を歩くと、戸外に椅子を出して路上で仲間と寛《くつろ》ぐ人々が数多い。顔見知りになった住民達と、「ボナセーラ」(こんばんは)の挨拶の交換が続く。

あまりに絵になるシーンが多いので、「ポッソ・フォトグラファーレ?」(写真をとってもいいですか?)と、つい声を掛けたくなる。

集合住宅になって、人々が上の階に住むようになると、下に降りるのが面倒になり、路上に大きく張り出したバルコニーに椅子を置いて、やはり戸外で寛ぐことになる。隣同士、自ずと会話が生まれ、空中でのコミュニケーションが成立するのだ。これこそ南イタリア流の近代の生活シーン。

夏のプーリア調査で学生達と訪ねたバルレッタの街で、愉快な体験をした。旧市街のはずれのあたり、真っすぐな街路に面してバルコニー付の中層住宅が建ち並ぶ。道幅も程よ

演劇的なバルコニーの会話。バルレッタ（鈴木知之撮影）

く、両側のすべてのバルコニーに人々の姿がある。隣同士、お喋りに余念がない。そこに我々の調査隊が登場したから、大変。「日本人か?中国人か?」から始まり、「何をしているの?」と尋ねられる。全員が身を乗り出し、まさに街路全体が演劇空間に転身。最高の写真が撮影できた。

親しくなって案内役を買って出てくれた中年男性も、「この辺は今も、コミュニティの繋がりが強いんだ」と自慢げだった。

11 教会の下の遺跡

プーリア地方に、アドリア海に面したバルレッタという素敵な街がある。観光的な目玉はないが、逆に、南イタリアらしい市民の生活感に溢れた雰囲気に魅せられる。そんな街にも、実はとてつもなく古い歴史がある。

街の東端、真っ青な海に突き出す位置に、最近の修復で蘇った幾何学形態のカステッロ(城)があり、それと古い街の中心に聳えるカテドラル(大聖堂)とを結ぶあたりが、人々が集まる人気の広場となっている。街に象徴があり、求心力を発揮しているのは、日本の

バルレッタの大聖堂（上）。外部で発掘が行われ、その成果を訪問者に見せる仕組みがおもしろい（鈴木知之撮影、２点とも）

現状と比較して、何とも羨ましい。

このカテドラルが街の古い歴史の生き証人なのだ。今、地上に見えているのは、正面から半ばまでがロマネスク様式。ファサード（正面）にも側壁にも無数に配された怪獣や愛嬌のある動物の顔、人面が目を奪う。その奥が南イタリアには珍しい本格的ゴシック。フランスのアンジュー家の支配の時期に、正統派のゴシックが導入されたという。

最大の見所は、近年の発掘で地下から姿を現した遺跡だ。噂を聞いて、早速お願いすると、司教ご自身が地下空間に我々を案内してくれた。

「一三年前に、大聖堂の地下で発掘調査を始めたら、いろいろな時代の凄い遺構が出て来て、びっくりしました」と語る口調も、誇らしげだ。

一番下からは、紀元前三世紀の墓が幾つも出てきて、ローマ時代に集落があったことが判明。次の時代のものとしては、六世紀の初期キリスト教の小さな教会。中央奥に内陣がつく三廊式の構成で、床はモザイク、壁はフレスコ画で飾られていた。次は九世紀のプレロマネスク様式の質素な教会で、床の仕上げも単純。次がいよいよ現在の地上に建つ一二世紀のロマネスクの教会。内陣が三つ奥に付く発展した形式を見せた。だが、奥半分は後の時代にゴシックで壮大に改造されたのだ。

イタリアでは、こうして考古学の成果として発掘された遺構を、時代の重なりが視覚的にわかるように、上手に保存する方法を確立している。現代的な材料とデザインで地下の遺跡の上に軽快に挿入された見学通路を辿りながら、我々は古代、中世初期へのタイムスリップを楽しめる。せっかく遺跡が出土しても現地に残せない日本の都市の現状が、いかにも寂しい。

12　城の美学

城がどこにどう置かれるかは、都市の印象を大きく決める。日本の城下町では、山の手の丘の縁に城が聳え、下に広がる中心市街を望むことが多い。本当に闘いのための施設かと思う程に、優美な姿の天守閣や櫓《やぐら》をもち、濠の水面と緑に包まれた城は、世界的に見ても希有な存在で、日本の現代都市にとっても、風景を個性づける貴重な財産となる。

南イタリアのプーリア地方の海辺にも、また違った意味での偉大な城の文化がある。アラブ、トルコの異教徒も含む多くの外敵の脅威に常にさらされた地中海世界にあっても、港湾の重要性をもつ海辺に、あえて都市を築いた。

そのため、堅固なつくりのカステッロ（城）が欠かせない存在で、防御上、最も重要な

オートラントのカステッロと周辺の堀（鈴木知之撮影）

海に突き出した位置に、それを建設したのだ。

　こちらは、闘いに役立つ機能的な形態がとことん追求され、簡潔で堅固な美しさを見せる。緑や情緒的な要素など一切ない、石造文化の究極の造形。日本の城の感性の美に対し、理性の美と言えよう。

　近代の平和な時代になって、本来の役割を終えたカステッロは、監獄などに転用され、また一部軍事施設を残すこともあったが、あまり有効に使われずにきた。

　ところが、近年の南イタリアにおける文化ルネサンスとも言える状況の中で、街の本来の象徴、カステッロの存在が注目され、修復再生の事業が各地で実現し、素晴らしい公共空間として蘇っている。

　海に張り出し、深い濠で周囲を囲まれた幾何学形態による象徴的な景観を見せるカステッロは、歴史のロマンばかりか、むしろ現代の都市風景の感覚にピタリと合う。しかも、どの街のカステッロも、いろいろな時代の層が重なっており、考古学の発掘で、その拡大発展の軌跡のすべてが分かるのだから、素晴らしい。

　バルレッタのカステッロも、印象深い城の一つだ。ルネサンス時代に加えられた星形の稜保《りょうほ》（城壁の突出した部分）を四隅に配する美しい幾何学的な外観は、眼に強烈に飛び込む。かつては海水が入り込んでいたはずの深くて広い濠を渡り、木の跳ね上げ橋を渡って門をくぐると、長方形の大きな広場に出る。晩のイベント用に、スクリーンと仮設の椅子が並んでいる。

現代建築顔負けの合理的でシンプルな空間構成と造形デザインに魅せられる。中庭から屋上に上るゆるやかなスロープの構成、屋上からの海へのパノラマの演出など、見せ場が多い。

ここでも、近年の修復再生の際に、考古学の発掘調査が行われ、歴史の重なりが姿を現した。まずは、一二世紀に、南イタリアを征服したノルマン人によって建造され、次の一三世紀前半に、プーリア各地に立派な城を次々に築いた神聖ローマ帝国皇帝フリードリヒ二世の手で、増築改造された。さらに、フランスのアンジュー家の下で強化された後、一五世紀前半、アラゴン家の下で改造を受け、さらに神聖ローマ帝国のカール五世の下で、大砲の使用を前提とした新たな築城技術に基づいて、ルネサンスの象徴、星形の稜保を四隅に対称形に配した幾何学的構成の堅固な城が完成したのだ。

興味深いのは、カステッロの現代的な活用法だ。日本の城だと、街の歴史を学ぶ博物館的な展示と、高所からの眺めを楽しむ展望というのが役割の定番で、その域を出ない。だが、プーリアの最近のカステッロの修復活用の考え方は、いささか違う。観光客がその建

〈上〉幾何学的形態を誇るバルレッタのカステッロ
〈下右〉中庭から屋上へのぼる外階段
〈下左〉現代的に活用されるカステッロ内部
（鈴木知之撮影、３点とも）

築を楽しむのは一緒だが、大きな石造の室内空間がシンポジウムや国際会議のホールとして使われ、また現代美術のギャラリーやコンサート会場として格好よく利用されるのだ。

バルレッタの城では、夏の間、中庭を巡る巨大な部屋のすべてを使って、大掛かりな現代アート展が行われていた。近ごろ、現代アートは、美術館から飛び出し、都市空間や庭園、自然の中に作品を置き、環境芸術の役割をもちつつある。石を積み上げた不思議な気配をもつ城の内部も、まさに現代アートにぴったり。若い女性のボランティアガイドの案内で、過去と現代が対話する空間を巡り、世界一流のアーティストの作品の説明を聞きながら、同時に、この城自身の歴史や建築の特徴を教えてもらうのは、実に楽しい体験だった。

13　ペスカトゥーリズモ

プーリア地方の旅の間に、タクシーの運転手が面白いことを言った。

「自分達にとって、太陽と海が新しいインダストリーだ」と。

戦後の工業化もうまくいかず、近代の経済発展から取り残された南イタリアにとって、自然の恵みを活かした二一世紀型の経済活動が求められる。その可能性を彼は見事に言い当てた。

一九八〇年代に、創造的精神をもった中小企業の頑張りで、ファッション、デザインを中心に黄金の経済発展を遂げたイタリアだが、九〇年代後半から今日まで、経済状態は芳しくない。

その中でイタリアは、他の国では望み得ない〈歴史〉と〈自然〉の恵みを活かした文化経済活動に活路を見出しつつある。だとすれば、南イタリアの出番となるのは当然だ。歴史は地中海に突き出した南ほど古く、その蓄積は計り知れない。太陽と海の恵みも南ほど豊かなことは言うまでもない。

という訳で、トスカーナを中心に中北部でまず広がったアグリトゥーリズモ（農業観光）は、豊かな自然をもつ南イタリア全域にも一気に普及した。

アグリトゥーリズモの成功を受けて、近年、南イタリアにペスカトゥーリズモ（漁業観光）が生まれている。近代化の中で衰退の一途を辿っていた農業のテコ入れにアグリトゥーリズモが寄与したように、寂れつつある漁業の活性化をめざし、ペスカトゥーリズモの取り組みが始まった。最南端に近い島の街、ガッリーポリはその拠点の一つだ。

漁船を使って海に出て、釣りやスキューバダイビングを楽しんだり、本物の漁を体験す

台頭してきたペスカトゥーリズモ。ガッリーポリ（稲益祐太撮影）

る観光のことだ。とれた魚を料理して食べることもできる。

「本当のペスカトゥーリズモは遊びとは違う。朝早く船で沖に出て、漁師と一緒に実際の漁を疑似体験することだ」と持論にこだわる漁師もいる。

船上から観察し、海の生態系や街の歴史を知る機会にもなる。ペスカトゥーリズモは本当の漁師しかできず、観光業の収入が漁業のそれを超えてはならない。漁業を守り、地域を活性化させる期待の星であり、漁業の衰退に悩む日本の我々にとっても示唆に富む。

14　イタリアでB&B

近年、イタリアで最も増えたものの一つにB&B（ビー・アンド・ビー、朝食付の民宿）がある。イギリスから始まり、まずは英語圏に広がったようだが、近年のイタリアにおける普及は目覚ましい。まるで雨後の竹の子のような勢いで増えている。

朝食を出すだけで、比較的簡単に経営でき、認可も得やすいから、イタリア人が家族で始めるのに、もってこいだ。自営業の比率が減っている日本と比べ、イタリア人の間には、そもそも起業家精神が強い。

多くは旧市街にあり、古い建物の魅力を引き出し、現代のセンスを加えてお洒落に改装するから、新市街の近代的ホテルとは違って、個性豊かな室内の雰囲気を楽しめる。開発から取り残され荒廃していた旧市街にB&Bが登場し、周辺の空気が急に明るく変わる現象が、近年よく見られる。都市再生の切り札とも言えよう。

しかも、外部の資本が簡単に入り込めないように、政策的に条例で部屋数の上限を低く抑えている。地元の家族の経営ならではのアットホームな雰囲気を堪能できるのが嬉しい。

従来、古い小さな街には何もなく、新市街のホテルに泊まらざるを得なかった。B&Bの登場で、歴史的な空間の中で、住民と同じリズムで一日の生活感を味わえるのだ。

カラッチョロ家の正面の入口（上）
と色彩豊かな広間

カラッチョロ家のパラッツォ正面。ガッリーポリ（陣内研究室作成）

イタリア人はちゃっかりしている。朝食はチケットをもらい、広場のカフェに通うといったことも、珍しくない。インターネットで簡単に予約ができ、実に便利だ。街によってはリストを作って情報提供している。お客はもちろん世界中に広がる。グローバリゼーションが進んだ今ならではの、ローカル文化を活かした町おこしとなるのだ。

プーリアの島の街、ガッリーポリには、貴族の館に生まれた素敵なB＆Bがいくつかある。海を望むパラッツォには、貴族の末裔カラッチョロ家が住み、一部をB＆Bの部屋にしている。宿泊客は、朝食をこの館の大広間で、オーナーである夫人と優雅に楽しむ。しかも、田園の中にこの家族がもつ農場もB＆Bとして使われ、その菜園で採れる果物から作られたジャムが朝食を飾るのだ。

こうして、都市の歴史と田園の自然とが結ばれて、新たな観光の形態が生まれている。

15　信徒会

ヨーロッパの中世はキリスト教の時代。都市の主役の商工市民も、宗教を紐帯《ちゅうたい》とする組織（信徒会）のもとに活動した。イタリア語では、コンフラテルニタと呼ぶ。

一般に、ヨーロッパ社会では近世以降、社会の進歩発展とともに、こうした宗教を媒介に繋がる共同体は次第に力を失い、消失していったとされる。

ところがどっこい、南イタリアには生きていた。初めてそれを知ったのは、学生達と三年続けて調査をしたプーリア地方のガッリーポリ。海洋都市と漁師町が同居する迫力ある島の街だ。

古代ギリシア語で「美しい町」を意味するガッリーポリは、実際、ギリシア時代にその起源がさかのぼる。とはいえ、高密に建て込んだ複雑極まりない迫力満点の島の都市空間は、その骨格を中世に形づくった。

ガッリーポリを調査地に選んだのは、偶然見た海にぐるりと囲われたこの島の街の航空写真が、あまりにも強烈な印象を与えたからだ。実際に現地を訪ねてみても、期待通りのいかにも地中海世界らしい石造りの魅力溢れる迷宮都市で、我々の研究への意欲を大いに掻き立ててくれた。

海に囲まれた要塞都市ガッリーポリの全景（稲益祐太撮影）

庶民地区の袋小路。ガッリーポリ（陣内研究室作成）

本土とは一本の長い橋で繋がるだけだ。強烈な日差しの下、開放感に溢れる港の風景を見ながら進むと、島の入口には、一三〜一四世紀にアンジュー家のもとでつくられ、後に拡張された堂々たる城（カステッロ）が聳える。街に入ると、住民と観光客の賑わいに圧倒される。今なお漁師の家族が多いこの街だけに、島の隅々まで生活感に溢れている。戸外が快適なだけに、夕方から晩にかけては、袋小路に椅子を持ち出し、寛ぐ住民の姿が多い。

周囲二キロ足らずの島は、海に面して堅固な城壁で守られていたが、近代にその上部を切り落とし、半分、海を望む姿をとる。とはいえ、高い岩盤の上に築かれた古いこの街は、今なおかつての城塞都市の風貌を失っていない。

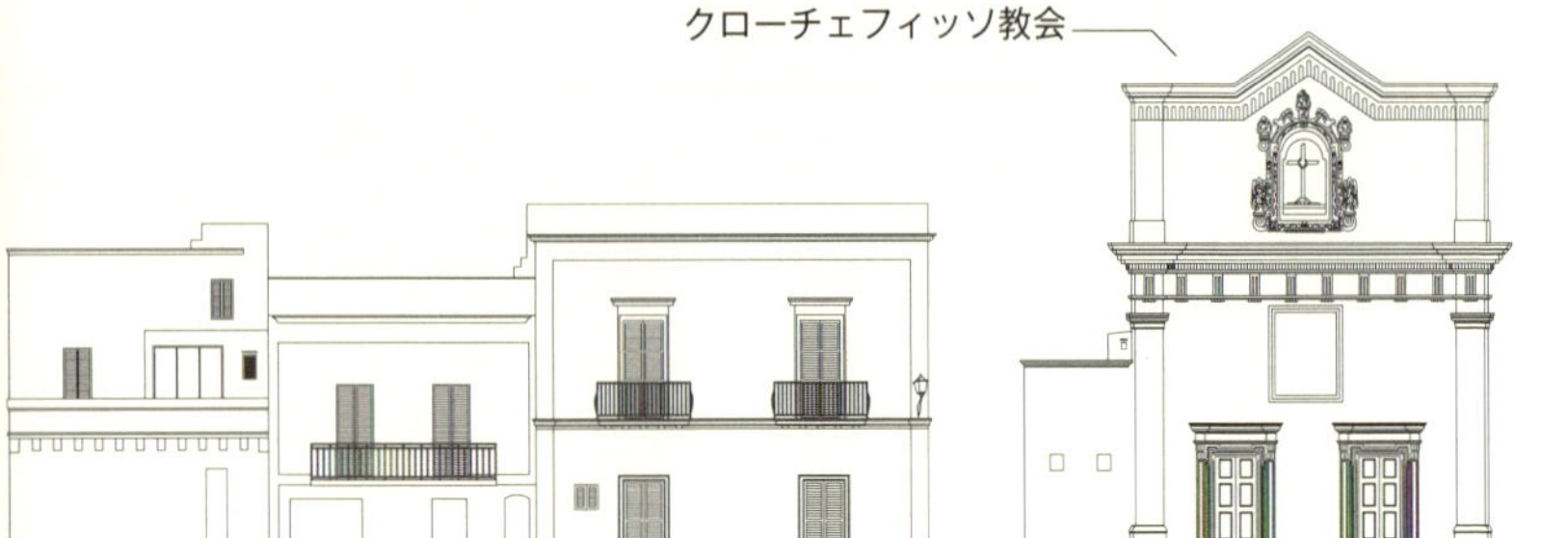

コンフラテルニタの二つの入口をもつ教会（陣内研究室作成）

その海に面して、サンタ・マリア・デリ・アンジェリという名の小さな教会がある。いつ行っても、脇の中庭に男達が集まり、楽しそうにお喋りをしている。だが、単なる仲良し倶楽部ではないことが、後でわかった。

聖母被昇天の日の前夜（八月一四日）、この教会が主役となって、ガッリーポリ最大の祭礼である聖母マリアの宗教行列が催される。この教会から出発し、迷宮状の旧市街を厳かにゆっくり巡り、再びこの教会に戻る。ルートや趣向が変わる年もある。その準備もあって、彼らは常に集っているのだ。

この教会は、一六六五年に農民と漁民のコンフラテルニタの教会として創建された。一七、一八世紀のガッリーポリといえば、照明用のオリーブオイルを搾油・精製し、ヨーロッパ各地に輸出して繁栄を極めた。貴族や新興ブルジョアジーは立派な邸宅を次々に建てた。港湾と繋がる沖仲仕《おきなかし》、樽職人をはじめ、鍛冶屋、家具屋など、多くの種類の職人が活躍し、自分達のコンフラテルニタの教会を建設したのだ。

ヨーロッパ社会の常識から外れる、遅れてきた信徒会だが、それ故に、今もなお大きな役割を演じているのだから、歴史は面白い。彼らの教会は、通常のミサに加え、職業上の

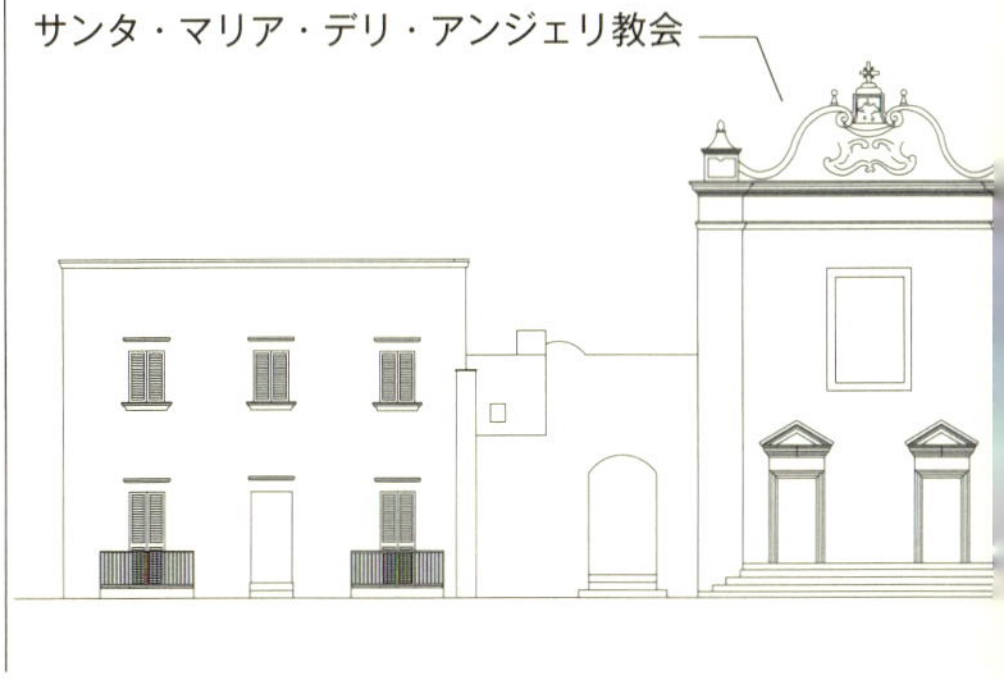

会合を行う場でもあり、祭壇の真向かい、つまり入り口側に議長席がある。そのため教会の入り口は左右に二つある。礼拝と会合という二つの役割を担うガッリーポリのコンフラテルニタの教会は、他では見られない特異な外観をもつのだ。

16 オリーブ搾油所

プーリア地方を旅していると、どこまでも続くオリーブ畑の風景が心に残る。しかも、何世紀も経た老木は、太い幹の変化に富んだ形と見事な枝振りで、どれも芸術品のように見える。

オリーブオイルと言えば、食用とすぐ考えるし、プーリアのそれは味も最高だ。ところが、一七、一八世紀のプーリアには、照明用のオリーブオイルをつくる一大産業が栄えた。電気の無い時代、オイルは灯《あか》りの源だった。

その中心のガッリーポリでは、田園で採れたオリーブの実は荷車でわざわざ島内部の街に運び込まれ、建物の地下の岩盤に掘られた空間で搾油されたのだ。地下で、目隠しされたロバが石臼のまわりを一日中回転し、圧搾して油を絞り採った。「フラントーイオ」と

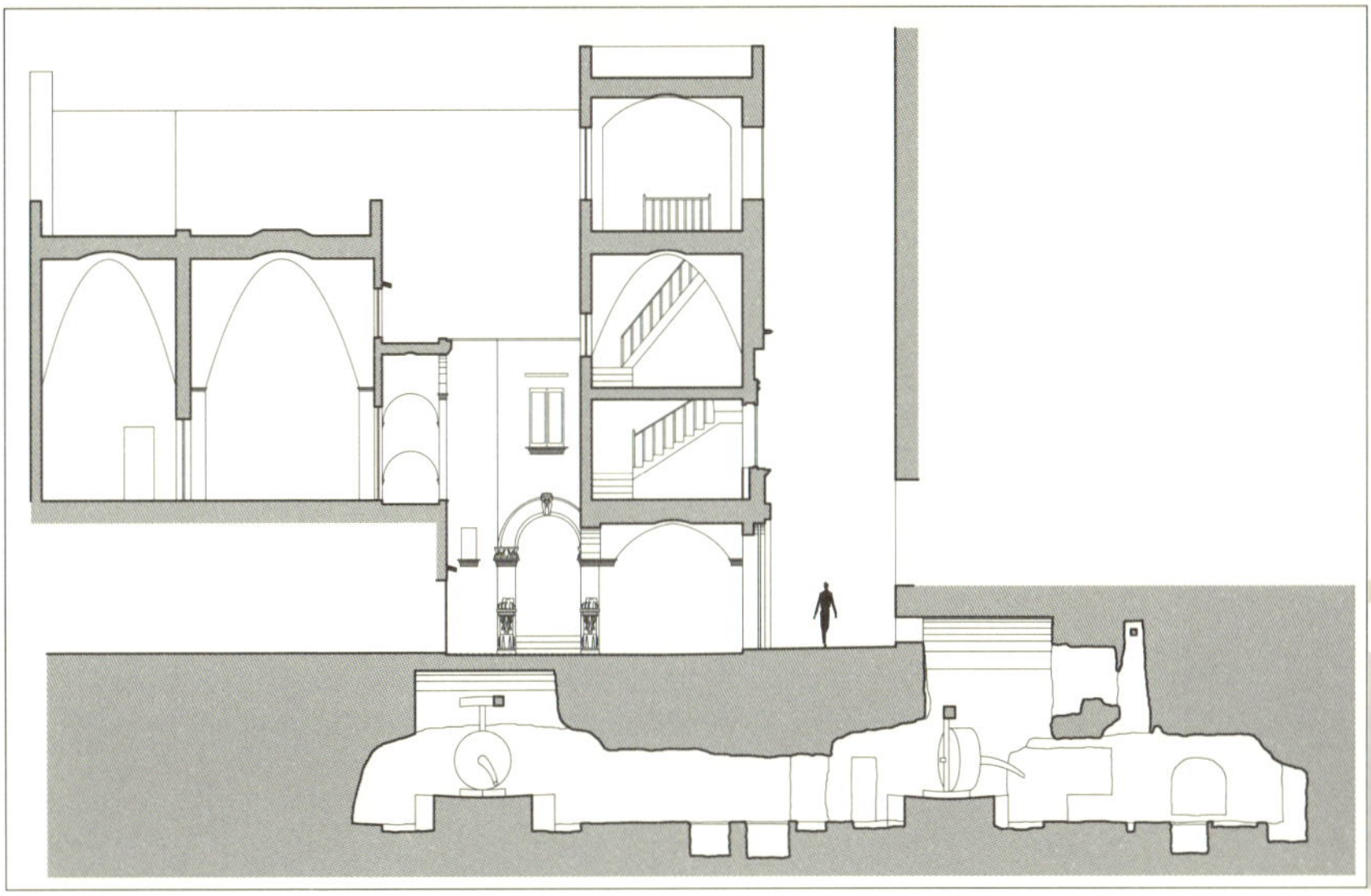

地下のオリーブオイル搾油施設、フラントーイオ（稲益祐太撮影）。道路と二つの邸宅の下を貫いて作られた。ガッリーポリ（下図は陣内研究室作成）

呼ばれるこうした搾油施設が、地盤のよいガッリーポリの地下に数多く作られた。今からすれば立派な産業遺産だ。

博物館として公開されている人気のフラントーイオを実測してみると、道を挟んで、二つの貴族の館の地下を結んで大空間が掘られているのが分かった。記録では、かつて三五ものフラントーイオがあり、オリーブオイルを保管する倉庫は二〇〇〇ほどもあったという。街の地下はオイル浸けだったのだ。

バッティスティ通りのかつての孤児院の地下に、典型的なオイル貯蔵施設の跡がある。所有者の息子、アントニオ君に案内され、ここでも実測。奥の古い部分は一三世紀につくられ、上からつるべのように汲んでいたという。壁にはオイルの跡や目盛りが確認できる。戦後、祖父が購入し、海亀や馬肉の料理を出すタベルナ（食堂）を営んでいたという。その遺志を引き継ぎ、孫のアントニオが夢を語る。

「すっかり荒れ果てていたこの地下空間を再生して、雰囲気のあるレストランにしたいんだ」

その後、私の学生達が再訪したら、立派な店がオープンし、そこで一同、ご馳走になったという。時代が変わった今日、照明ではなく、美味しい料理を通じて、プーリアのオリーブオイルの恩恵に浴せるという訳だ。

17 薬局

日本とイタリアの店構えを比べ、いちばん違うのが、本屋と薬屋だ。日本の本屋が店頭にコミックや雑誌を並べ、大衆的な雰囲気をもつのに対し、イタリアでは自慢の豪華な本をショーケースに並べ、品格を表現。一方の薬屋は、日本だと広告が氾濫し、安売り商品も雑然と並んで、ドラッグストア化するのに比べ、イタリアは相変わらず古典的で格調の高いインテリアを堅持。「薬は消費文化ではないぞ」と言わんばかりに。

ヨーロッパでは、薬局の経営は特権階級のもとにあった。一つは修道院で、ブリュージュやドブロヴニクで修道院に開設された薬局を見たことがある。もう一つは、名門貴族が経営するもの。

幸い、我がプーリア地方のガッリーポリに、優美なことこの上ない、名門貴族経営の典型的な薬局がある。島の旧市街の中心部、大聖堂の正面に一六世紀のパラッツォが聳え、目抜き通り側の一階にこの薬局がある。名門プロヴェンツァーノ家がこの邸宅を取得し、一八四〇年に薬局を開業したという。装飾的なボールトの架かる内部の古典的な美しさは、目を奪う。ガイドブックにも必ず登場する名所だが、薬を買いに来る地元の人々で常に活気があるのに驚かされる。歴史が今に生きている。

プロヴェンツァーノ家（ガッリーポリ）の薬局内部（上左、稲益祐太撮影）、
邸宅外観（上右）と広間（以上、陣内研究室撮影）

三年間のガッリーポリ調査で、まず挨拶に立ち寄るのが、この薬局だった。街の名士のご主人は気さくで心の広い紳士。我々を見るや、「今年もよく戻ってきたね。待ってましたよ」とすぐに友人が経営する目の前のカフェに我々を誘い、美味しいアイスクリームをご馳走してくれる。嬉しい通過儀礼だ。

プロヴェンツァーノ家は実は、奥様の家系。彼女が薬剤師として薬局を取り仕切りながら、料理や子育てにも力を入れてきた。まさにスーパーウーマン。家の中を奇麗に飾るのも大好きだという。

三階建ての素晴らしい邸宅全体を実測し、家具調度品も含め、図面化して翌年持っていったら、その配置がもうすっかり変わっていた。「気分転換のため、家具の置き方は、しょっちゅう変えるのよ」というのが彼女の弁。確かに、イタリア人は室内を美しく飾るのに、エネルギーを惜しまない。

18　水上の宗教行列

南イタリアでは、宗教が今も生きていて、敬虔な人々は教会のミサに毎日参加する。春の復活祭や八月一五日の聖母被昇天の日ともなると、街を挙げての宗教行列が、盛大かつ厳かに行われる。先進国では、日本ほど、神社の祭りに見られるように、宗教的な祭礼が今なお都市に生き続けている国は珍しい。その意味で、南イタリアと日本はよく似ているとも言える。

日本では、神輿を船に乗せて進む海上渡御や、神輿を海に入れる海中渡御が各地で行われる。信仰と水は切り離せない関係にある。そもそも水は霊的な要素をもったし、漁師や船乗りの間では、海での安全や豊漁を祈願する気持ちが自然に生まれた。似たことが実は、海辺に港町や漁師町が多い南イタリアのあちこちにも見られる。

一般には、カトリック世界では、洗礼に水が使われ、また教会の入り口近くに置かれた聖水で十字を切り、身を清めることはあっても、実際の海や川に聖なる雰囲気を感じ取ることはなくなった。そこが日本やアジアとは、いささか異なる。ところが、南イタリアでは、どこか異教的な雰囲気を感じさせる、水上を行く厳粛な宗教行列が各地に受け継がれている。

数年前、研究室の学生達と二夏続けて調査したプーリア地方のモノーポリは、聖母マリア信仰で特に有名な街だ。旧市街を歩くと、トンネルや道の折れ曲がる場所などあちこちに、さらには家の内部にも聖母子像が祀られている。「聖母が見守る海辺の都市」、と我々は名付けた。

この街には面白い言い伝えがある。「一一一七年の一二月一六日の夜に、筏《いかだ》に乗った聖母子像の絵が港に流れ着き、その筏の木材を利用して、未完成の状態だった大聖堂に屋根を架けることができた」というのだ。

この街の建国神話ともいえる記憶を継承する意味で、毎年、「聖母マリアの海からの到着」という宗教儀礼が、海と陸を結んで厳かに行われる。本来の一二月一六日に加え、今では、帰省した人々が参加しやすい聖母被昇天の日の前日、八月一四日にも盛大に催される。観光客にとっても、もってこいの嬉しい伝統行事だ。


モノーポリにおける夏の最大の宗教行事「聖母マリアの海からの到着」を見物しようと、港には多くの人々が集まる。陸だけにとどまらず、聖母子像の絵の到着を船上から見届けようと、港の水面を船が埋め尽くす。

幸い我々も、昼の調査中に親しくなった不動産屋を経営する若者に、「今晩、僕たちの船に乗って、一緒に祭りを楽しもう」と誘われ、水上からこの祭礼を体験することとなった。彼の仲間が集まった船上は、祭りの気分でいっぱい。パニーノとワインで盛り上がる。

イタリアはこの時期も、まだ日が長い。太陽が西に落ちる二〇時二〇分ごろ、聖母子像

モノーポリ、宗教儀礼「聖母マリアの海からの到着」（稲益祐太撮影）
〈81頁〉「海の門」の聖母子像（陣内研究室撮影）

の絵を乗せた筏が、小舟に曳《ひ》かれながら、突堤から出発。筏の上には、聖母マリアを守る海軍の格好良い若い水兵が、凛々《りり》しい姿で立ち添っている。

岸辺を埋める人々の祝福を受けながら、ゆっくり二〇分ほどかけて、古い港に入り、その沖合で停泊。三〇分も経過したころ、突堤の先から花火が打ち上げられる。水と花火がよく似合うのは、日本と同じ。田舎町にしては、盛大な花火だった。

しばらくすると、港に停泊する船が一斉に汽笛を鳴らし、盛り上がりを演出。そして、聖母の筏は、近代に整備された港に向かい、二一時三〇分にいよいよ上陸の儀式が始まる。出迎えるのは、司教と市長だ。海から聖母子像の絵を運んだ筏は岸を離れ、聖母子像は今度は、やはり筏の形をした輿に乗せられる。そして、コンフラテルニタと呼ばれる信徒会の人々によって担がれ、街を練り歩いた後、大聖堂に運ばれ、厳粛なミサがとり行われるのだ。

モノーポリはまさに聖母の街。「海の門」と呼ばれる古い港からの城門にも、この街の主役、聖母子像の絵が祀られている。

19 カフェ・ヴェネツィア

存在だ。

「カフェ・ヴェネツィアで会いましょう」

プーリア地方のモノーポリの市民は、人に会うのに、決まってこう言う。ヴェネツィアの名前をもつこのカフェは、街の中心、ガリバルディ広場にあり、誰にも愛される象徴的存在だ。

アドリア海に面する海洋都市だけあって、ヴェネツィアとの関係は深かった。一四九五年、ヴェネツィア海軍がモノーポリを包囲し、支配下に置くが、それ以前からヴェネツィア商人達は商取引のために滞在していた。

「海の門」を入ってすぐ西にあるこの政治上も重要な広場に、外国とも繋がる交易・商業の拠点があった。ここにヴェネツィア人が一四世紀末、取引の拠点と交流の場として、華麗なるゴシック様式で、広場に柱廊《ちゅうろう》が開く建築をつくった。一九〇〇年、この由緒ある場所に開店したお洒落なカフェが、街の記憶を受け継ぐべく、ヴェネツィアの名前を付けたという訳だ。

調査で滞在中、いろいろな市民とここで待ち合わせた。歴史家、芸術学校の先生、ジャーナリスト、そして街で知り合った歴史好きな若いインテリ警官。

カフェ・ヴェネツィア。モノーポリ
〈85頁〉ゴシック様式のヴォールト天井をもつカフェ内部

モノーポリは実際、ヴェネツィアと経済的にも深い繋がりをもった。照明用のオリーブオイルを輸出して、木材や船をヴェネツィアから輸入。実は、ワインもこの地からヴェネツィアへ大量に輸出された。それ故、ヴェネツィアの大衆文化を彩る居酒屋には、今もプーリア出身の人が多いと聞く。

モノーポリには、驚くことに、アマルフィ教会という名の教会もある。一〇五九年、暴風雨で難破したアマルフィ人の船が地元の人々によって救出された。それを感謝し、アマルフィ人によって献堂されたのが始まり。地上は奇麗なロマネスク様式の建築だが、地下に古い礼拝空間があり、どうもそれがアマルフィ教会の最初の姿らしい。周囲にアマルフィ人のコミュニティも存在していたという。

イタリアを代表する大好きな二つの中世海洋都市、ヴェネツィアとアマルフィ。どちらとも深い絆をもつこの南イタリアの港町、モノーポリに、私はいっぺんで惚れ込んでしまった。

20　蘇る街

すっかり惚れ込んだモノーポリに翌夏、再び調査に戻って、驚いた。街が、たった一年でこうも変われるのかと、我が目を疑った。古い建物をリノベーションしたお洒落なレストラン、カフェ、店舗があちこちに出現。近代の発展から取り残され、寂れてボロボロに見えた旧市街に、徐々に元気と明るさが戻ってきた。

街の象徴「カフェ・ヴェネツィア」も、その代表。ガリバルディ広場に張り出したオープンテラスが完全に模様替えされ、ゆったりとしたソファで囲って、まるで屋外サロンのような居心地のいい場所に変身したのだ。この手法、実はギリシアの港町にも近年、見られるもので、地中海世界ならではの憎い演出だ。昼はパラソル、夜は星空の下で、住民は開放感に浸る。

広場の向こう側には、元修道院の大きな建物を転用した格好いいレストランが開設された。柱が林立し、高いボールト天井が架かる室内は、何とも贅沢な空間。肝心の料理は、値段も手頃で美味しかった。

もう一つ目を引いたのは、我々が最初の年に実測した貴族のパラッツォの中庭だ。そこに晩、営業する大人の雰囲気の素敵なバーがオープンした。ライブの演奏もつく。

パラッツォの中庭にオープンした洒落たバー。モノーポリ

起業家的な不動産業者の存在も大きい。古い住宅物件を取得し、伝統とモダンを巧みに合わせた修復再生で、賃貸事業を開始したのだ。

二〇〇七年の夏、モノーポリに遂に地中海クルーズの大型船が寄港するまでになった。上陸したアメリカ人の老夫婦の観光客が大勢、複雑な旧市街にとまどい、右往左往する姿が面白かった。

自治体のサポートの下、七月末に実施される路上パフォーマンスのイベントの成功も見逃せない。一二の広場で、世界各地から招かれたアーティスト達が、演劇や音楽で夏の夜を演出する。この期間だけは車を閉め出し、歩行者空間の醍醐味を誰もが体感できるのだ。

モノーポリは決して観光地でない。地元の人々の元気が蘇るような、真の都市再生が進むのを期待したい。

21　男まち、女まち

今の日本には、男まちと女まちがあるという。数年前、ゼミの女子学生が卒業論文でこう分析した。

教会前広場に集まる男達、中部サルデーニャの田舎町の「男まち」（上）と袋小路に集う女達、シチリアのシャッカの「女まち」

女まちは、明るく透明で、建物もガラス張りで中が見える。カフェテラスがあり、緑が多く、すっきりとお洒落。

男まちは逆で、閉鎖的な建物が多く奥や裏が潜む。緑はなく、看板やサインが溢れ、ゴチャゴチャと飲み屋が並ぶ。

そして現在、女性の力の増大を背景に、女まちが男まちを席巻しているのだ。草食系男子が増えていることも、それを助長する。

街が奇麗になるのは悪くはないが、街の空間の襞《ひだ》や味わい深さが失われ、オヤジ派にとって居心地のいい場所がなくなるのは、また大きな問題だ。

ジェンダー（性差）から都市を見ることの面白さを私は前から感じてきた。伝統の強い地中海世界、特に南イタリアは、日本と並び面白い考察の対象だ。

街の中心広場は、そもそも男の世界。リタイアした男達が昼間から集まり、社交につとめる。政治の話から、サッカー、スキャンダルまで、話は尽きない。かつてはネオレアリズムの映画の登場人物のように、鳥打ち帽を被った人達が多かったが、さすがに、最近は減った。

暑い夏場は、昼間はさすがに少ないが、夕暮れとともに、大勢の男達が広場に集まる。男だけで何が楽しいのか、とも思うのだが。ここは、古代ギリシアのアゴラ以来の西洋における広場の伝統を受け継ぐ、正真正銘の公共空間なのだ。お金を使わず、気分よく、気心知れた仲間といつまでもいられる。そんな恵まれた空間は、日本の都市にはない。都心は、資本の論理でますます管理された消費の空間に姿を変えつつある。しかも、女まちの原理で。

イタリアの街では、広場以外にも、チルコロ（サークル）と呼ばれる会員制のサロン的組織が数多くあり、階層、職種、趣味などに応じ、仲間といつも集まる場所が街の中にある。日本だと、行きつけのスナックとかカラオケバーがそれにあたるのか。

都市の中に、楽しく仲間と過ごせる居場所をどうつくるのか、成熟社会を迎えた今、特に中高年の男性にとって大きな関心事だ。

22　アマルフィ

小さな街、アマルフィの名が、日本中でこれほど知られるようになるとは、思いもしなかった。映画「アマルフィ　女神の報酬」に感謝。もちろん映画館ですぐ見た。織田裕二の見事なイタリア語に感心。サスペンスの舞台の一つとして、海に開いた渓谷斜面の迷宮

海から見たアマルフィ。中央に大聖堂の鐘楼が聳え、山の頂（右上）に防御の塔がある（鈴木知之撮影）

の映像は、なかなか見応えがあった。

一九七一年に初めて訪ね、虜になって以来、調査も含め何度もこの地を訪ねた。

アマルフィといえば、崖にへばり付く迫力ある都市景観と内部の複雑な迷宮が特徴。東方を想わすエキゾチックな雰囲気も魅力の秘密だ。ヴェネツィアより早くビザンツ、イスラム世界と交流し、富を築いて華麗な街を建設した。東方の香りをもつ建築や美術がたっぷり流れ込んだのも当然だ。

だが栄光の歴史は、ピサ、ジェノヴァの台頭で長続きしなかった。その後も、外国勢力の支配が続き、単なる地方都市に成り下がったアマルフィだったが、一八世紀のグランドツアー（上流階級の子弟に対する教育の仕上げとして行われた旅行）の時代、ナポリからさらに南に足を延ばした北のヨーロッパの人々が、アマルフィ海岸の美しさと出会った。古代の神殿やルネサンスの建築ばかり見ていた芸術家達が、中世の美、イスラムの素晴らしさにこの地で目覚めたのだ。

再度、アマルフィに輝きが戻った。一九世紀に入る頃、アマルフィはヨーロッパのエリート達の避暑・避寒の地となった。戦後、人気の観光地になったが、アマルフィ海岸の崖っぷちをくねくね進む厄介なアクセスが幸いし、限度を超えることはない。不便さは重要だ。市民生活と観光が夏のピーク時にも、巧く両立できている。

それにしても高台での生活は大変。バリアフリーを求める時代には失格の烙印を押されかねない。だが、人々は坂や階段をよく歩く。足が動くうちは毎日、二度は上り下りして街の中心での仕事、買い物をこなし、友人との出会いや恋人、家族との散歩を満喫するのだ。上りとなる帰り路は、フウフウ息を継ぎ、文句を言いながらも。

上の方に住むおばあちゃんが言った。

「アマルフィの人達は、死んでも天国に行く必要がない。今が天国だから」

便利さばかりか、生き甲斐のある街づくりの視点が日本にも欲しい。

23 イタリア中世海洋都市とイスラム世界

地中海世界では、海上交通が盛んで、多くの船が行き交い、人とモノと情報を運び、各地に高度な都市文明が開花した。地中海周辺地域は多民族、多言語、多宗教で、交流と同時に利害の対立も多く、古来、戦いの連続であったが、とくに中世にはイスラム教が広がって、十字軍に象徴されるように、熾烈な争いの舞台ともなった。海はこうして、交流の場であると同時に、戦いの場でもあるという、まさに両義的な意味をもった。

〈96-97頁上〉海に開くアマルフィ。高台からレモン畑越しに旧市街を眺める（鈴木知之撮影）

（左）大聖堂とその広場　（右）崖にへばりつく古い住居群。半分より下は近代に建設されたもの

高台の住宅から都心を眺める。手前が市場の広場、奥が大聖堂広場

(上) 渓谷に発展したアマルフィの東西断面図。海の方を見る
(下) 垂直方向に複合化した「海の門」
(99頁上) 市場の広場（手前）と大聖堂広場
(以上、陣内研究室作成)
(99頁下) アマルフィの斜面に建つ住宅群の実測野帳（反町真理香)。調査現場で、手書き（フリーハンド）でスケッチしたものに、実測した寸法を入れていく

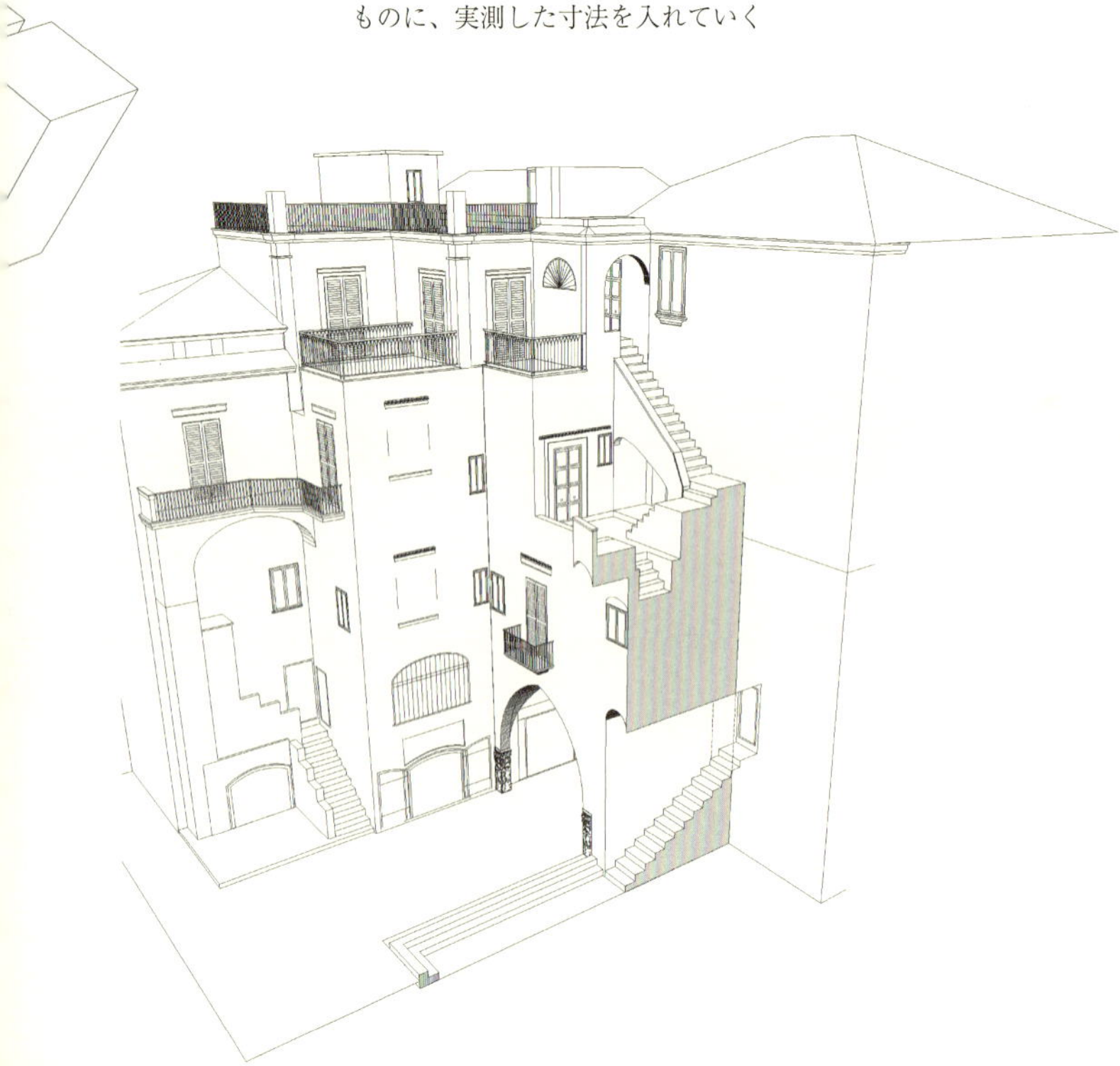

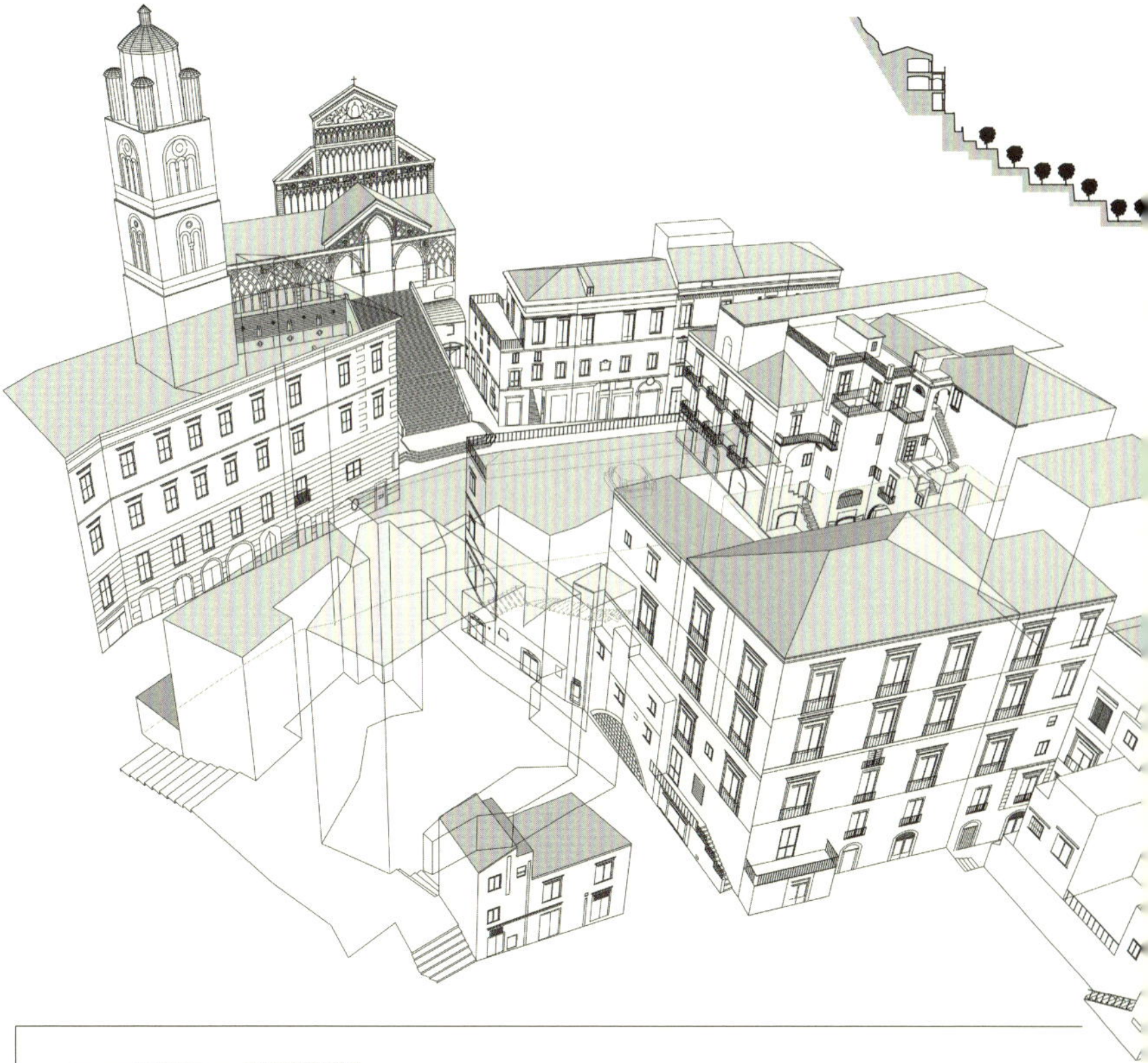

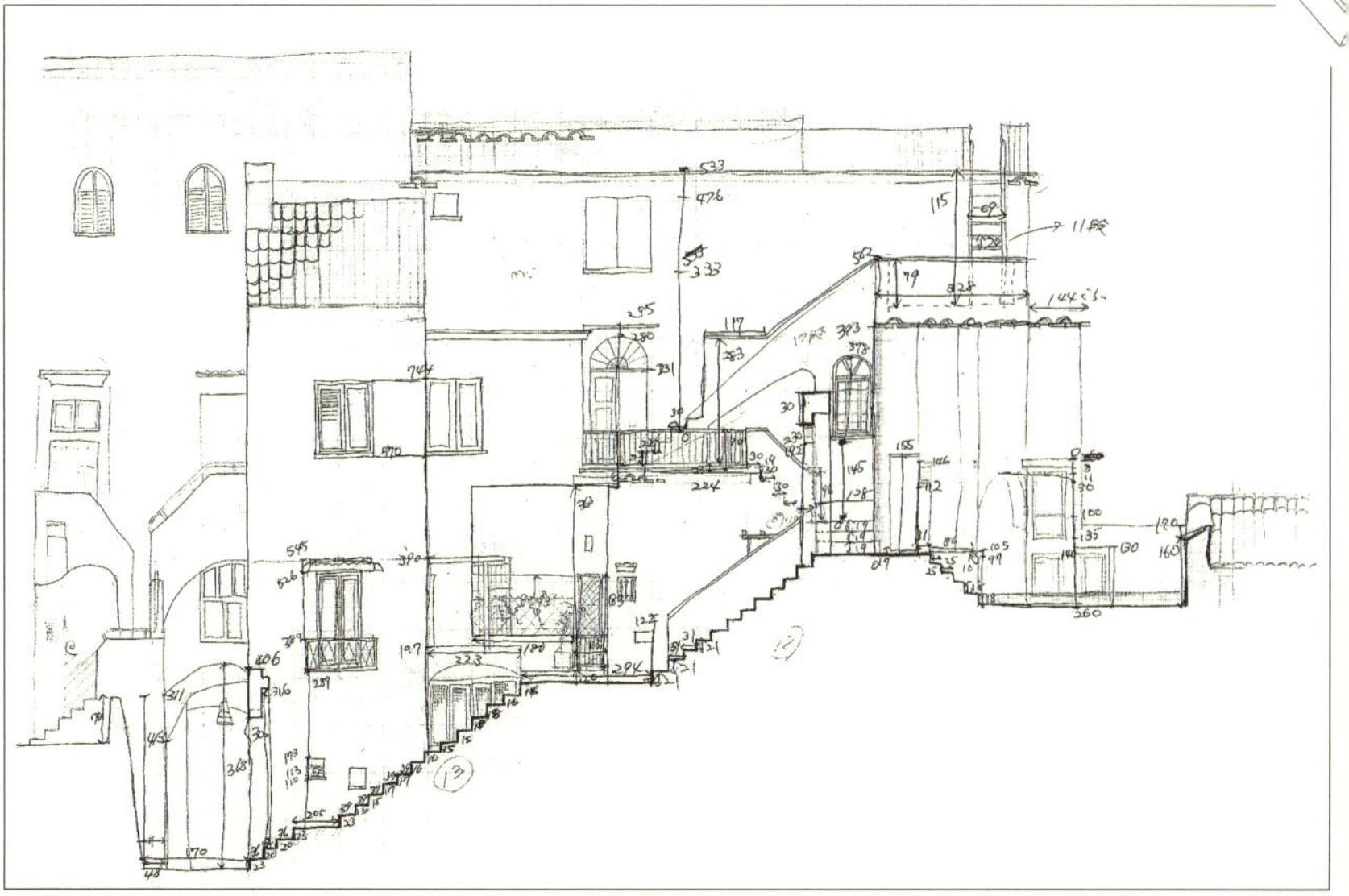

高台に建つ住宅の窓からの眺め。左手前が大聖堂の鐘楼

〈100頁〉階段状坂道の上につくられた聖母マリアの祭壇。
この下でミサが行われることがある

地中海世界全体に平和と繁栄を生んだローマ帝国が東西に分裂。中世初期に、ゲルマン系異民族の侵入の危機にさらされた元のローマンタウンの住民達は、安全な地に逃れた。ゲルマンの連中は船が使えない。岬の先や海に浮かぶ島、背後に山を控える海辺の土地が、格好の避難地となった。ラグーナの浅い内海の水上にヴェネツィアが生まれる一方、ナポリ周辺の肥沃なカンパーニア地方の平野の都市民は、背後に崖が迫り、猫の額のようなわずかな土地が海に開く渓谷の地、アマルフィを隠れ家として選んだ。どちらの都市の人々も、船を造り、操る技術に長けており、海に開く立地条件の下、海洋都市の萌芽が早くから芽生えた。

特に、アマルフィは早くからビザンツ、アラブ世界と交流をもち、世界で最初に羅針盤を航海に活用し、海洋都市の雄として地中海に君臨した。それに次いで、同じティレニア海のピサ、ジェノヴァ、アドリア海のヴェネツィアが台頭し、地中海での勢力争いへと展開した。

これらのイタリア海洋都市の活躍で、ローマ帝国の崩壊以後、商業経済が停滞し、都市が衰退していた西ヨーロッパに活気が蘇ったのである。

これらイタリアの中世海洋都市は、コンスタンティノープル、アレクサンドリア等に彼らの商業、交易拠点を置いて、ビザンツ、アラブ世界との交易で富みを得た。シリアに、

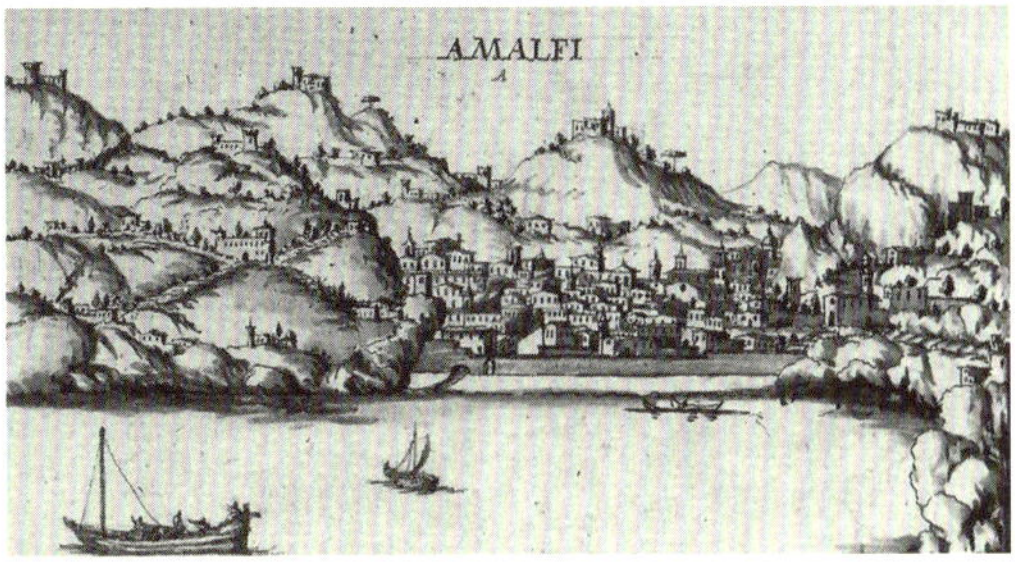

17世紀の海から見たアマルフィの図
（Centro di cultura e storia amarfitana 提供）

そして黒海の方面にまで勢力を伸ばした都市もある。ヴェネツィアを中心とする第四回十字軍が、ビザンツ帝国の内紛に乗じて、コンスタンティノープルを陥落させ、以後、ヴェネツィアがギリシア各地、キプロスに至るまで、ビザンツ帝国から領土を得て広大な植民地を形成した。こうした利権、覇権をめぐり、イタリアの海洋都市同士は、しばしば対立し、戦いで血を流した。

イタリアの海洋都市はこうして中継貿易で巨大な財をなしたが、一二世紀の頃、地中海の東と西を較べると、文化のレベル差は歴然としており、ビザンツ、イスラムの世界の方がずっと進んでいた。先端文化に憧れるイタリアの諸都市は、建築や美術の分野で、あるいは都市づくりの面で、ビザンツ、イスラム世界から大きな影響を受けたのである。

どの海洋都市も、中世の古い建築を幸い数多く残しているため、それらを観察しながら栄光の歴史を再構成することができる。ヴェネツィアは、複雑に組み立てられた都市構造そのものに、また回廊で囲われたサン・マルコ広場、商業機能をぎっしり詰め込んだリアルト市場のつくり方にもアラブ都市との共通性を見せる。アレクサンドリア等に設けられ

アラブの地上の楽園に似たアマルフィの「天国の中庭」

ていた商館（フンドゥク）の在り方がヴェネツィアにも応用され、ドイツ人商館等を生み出した。フォンダコと呼ばれるこうした施設は、ジェノヴァ、アマルフィ等にも存在した。ビザンツやイスラムの高度な美意識を示す美しい建築、美術作品が随所に見出せる。異文化の香りが感じられるこうした海洋都市は、街の中をウォッチングして歩くのが楽しい。様々な街角にオリエント風のアーチやレリーフ等、面白い発見がある。ジェノヴァやピサの大聖堂の白と黒の縞模様の壁面構成も明らかにアラブ・イスラム世界からの影響を物語る。アマルフィには、アラブ式のお風呂（ハンマーム）の遺構まで残っているし、大聖堂脇に潜む「天国の中庭」はアラブ人の地上に実現された楽園を思わせる。アマルフィに象徴的に聳える鐘楼の美しいマジョリカ焼のタイル装飾も、イスラム文化を示すものだ。

24　リモンチェッロ

近年のアマルフィと言えば思い出すのがリモンチェッロ。レモンからつくられるリキュールだ。

気候のよいこの地方では、レモンは見事に成長する。その新鮮な皮を剝いて純粋アルコールに漬け、一週間ほど寝かした後に、シロップを加えて完成。アマルフィ海岸では、日本の梅酒と同様、どの家庭でもマンマが作っていた。それが市場に出て、大ヒットしたのだ。

アマルフィ海岸の風景を彩るのが、段々状に造成されたレモン畑。先進的なイスラムの技術を導入したものだという。レモン栽培は手がかかる割に儲からないマイナー産業だった。ところが、知恵者がリモンチェッロの製造販売で成功し、アマルフィ海岸の経済振興に大貢献したのだ。

そもそも、イタリアとの長い付き合いの中で感じるのは、お酒の飲み方も、時代とともに大きく変化してきたということだ。葡萄の搾りかすを蒸留したグラッパは、元は安くて強い大衆酒だったのに、日本の焼酎以上に、エレガントなお酒に変身した。

食前にプロセッコ（発泡性白ワイン）を飲む習慣はヴェネツィアを中心に生まれたようだが、七〇年代にはあまりなかったと思う。ヴェネツィアの高級ホテルの創始者、チプリアーニが発明した女性に人気のカクテル、ベッリーニもまだ比較的新しい。女性の好みに合わせて、お酒の飲み方が変わってきたのも、日本とそっくりだ。

そもそもエノテカという、地元酒のみかイタリア全土の高級ワインを売り、時にワインを飲むコーナーもある洒落た店も、八〇年代以後のもの。かつては、瓶を持参し、コック

リモンチェッロが並ぶ土産物店。アマルフィ

を捨って樽からワインを詰めてもらう素朴な店が普通だった。それは姿を消しつつある。

イタリアワインのイメージも大きく変わった。少し前まで有名な産地は、「キャンティ」のトスカーナと「バローロ」のピエモンテに限られていたのに、今や起業家精神による品質改良の努力で、イタリア半島のどこでも美味しいワインが生産される。サルデーニャ、カンパーニア、プーリア、シチリアといった南の多彩なワインが日本にも多く入っているのが嬉しい。地方分権の強さは、イタリアでは、ワインの生産にも象徴的に表現されている。

25　共に住む

成熟社会の到来とともに、日本の都市も近年、都心回帰の現象を見せ、マンションが街の中心に続々と登場している。都心に生活感が戻るのは歓迎だが、困った問題も生まれている。

本来、都心に住む人々は、下町感覚をもち、隣近所とうまく付き合いながら、街の文化や生活を楽しんだ。ところが、最近のマンションの新住民には、山の手感覚の個人主義が強く、屋外コンサートや花火の音に、また運河を行く船の汽笛にクレームがつき、さらには運動会の子供の歓声に文句を言う状況さえあるという。寂しい限りだ。

共に住むことの大切さを思い起こさせるのが、イタリアの都市。高密に形成された海洋都市アマルフィのフィールド調査中にも、それを体験できた。

アマルフィは、地形を生かした面白い空間構造をもつ。V字形の谷間に発達した高密都市だけに、東と西の斜面に広がる住宅地同士が、ほどよい距離を置いてお互い眺め合う関係になる。中部イタリアのトスカーナやウンブリアの丘上都市にはあり得ない面白さだ。視覚的な繋がりをもつこの谷間に一緒に住み続けてきた市民の間には、独特の一体感が育まれたに違いない。

階段の途中でひと休み。アマルフィ（鈴木知之撮影）

屋上利用も活発なので、上の方の家からは、下に広がる家々の屋上での生活シーンが眼に入る。互いの生活の気配が感じられる。

長い歴史の中で知恵を発揮してできた都市空間だけに、アプローチや庭を巧みにとって家族の生活を守り、快適に暮らしている。よそ者が壁ばかり連なる迷宮状の階段や路地を歩いている限り、内部に秘められた地中海世界独特の生活空間の豊かさは、想像すらできない。バルコニーから海へ、そして山への眺望が開ける家も多いのだ。

だが同時に、決して個人主義的な暮らしではない。都市に一緒に住んでいる感覚を誰もが大切にする。バルコニーの間で、また屋上同士、声を掛け合う姿がよく見られる。

夏は、屋外でのコンサートも活発だ。中世の造船所の上の広場では本格的なコンサートが、またドージェ広場では、カフェの店先でライブの演奏が催され、晩遅くまで、楽しい宴が続くのだ。日本の都市にも、もっとおおらかなライブ感覚が戻ってほしい。

26　記念写真

建築学科の研究室だけに、我々のイタリア調査では、家の中に入れてもらい、部屋の実測をし、家族の歴史や暮らしに関するヒアリングをする。私的な生活の場を見せていただくので、興味は尽きない。終わると、皆で記念撮影。素敵なアングルを選ぶのが重要だ。数多くの家を訪ねるので、名字では覚えられず、ニックネームを付け、調査員同士、すぐ思い出すように工夫。「ハンサムパパの家」「賑やかおばさんの家」といった風に。

レストラン「イル・テアトロ」での記念撮影
（陣内研究室撮影）

日本に戻って、データの整理や実測した図面の清書が大変だが、お世話になった方々への礼状書きが最も大切な仕事だ。その際に、記念撮影した写真を大判に焼いて送るのがコツなのだ。

イタリア人は、写真を大切にする。結婚式、新婚旅行等、思い出の素敵な大判の写真を、部屋に沢山飾っている家族が多い。

日本の我々は、性能もデザインもよいカメラを沢山製造するのに、写真そのものに関しては案外無頓着だ。パーティー等の記念写真もサービスサイズで送ることが、むしろ普通。新聞に掲載される人物の写真も、ヨーロッパのそれに比べ、迫力、ライブ感覚に乏しい。肖像に対する考えが違うのだろう。

翌年また調査地を訪ねてみると、日本から届いた我々の礼状と記念写真を家族の宝物のように大切に部屋や店先に飾ってくれていて、感激することがしばしばある。


学生達と長い間、調査で滞在するのに、安くて美味しい雰囲気のある大衆レストランがあることが絶対条件だ。アマルフィに六年間、調査に通ったのも実は、素敵なレストラン、「イル・テアトロ」との出会いからだ。典型的な家族経営のトラットリア（大衆食堂）で、海産物とパスタが最高に美味しい。気のいい夫婦と娘のトーニャ。加えて従兄弟達。皆よく働く。爽やかな風が抜ける気持ちよい路上のテーブルが我々の定席だった。店が谷の斜面の西側にあるのに対し、オーナー家族の家は、反対側の東斜面の高台にある。窓からの海に開く眺めは絶景。谷を越えて店に通う。

毎夏、店の人達とアングルを変えて撮影した記念写真のシリーズがレジの近くに大切に飾られ、日本とアマルフィの交流の一つの証しになっている。

27　ガルガーノ先生

イタリアが誇る中世海洋都市、アマルフィの人口は、たった五五〇〇人。日本なら、大きな街にとっくに合併統合されてしまっただろう。歴史と文化の輝きで、世界の人々を魅了し続けるのだから、凄い。その立役者が地元の歴史家、ジュセッペ・ガルガーノ氏。

「ブオンジョルノ（こんにちは）、プロフェッソーレ（せんせい）」

アマルフィの街をガルガーノ氏と歩くと、住民から次々に声が掛かる。こんなに市民に愛されている郷土史家は見たことがない。アマルフィの宝だ。

地中海に開く地の利を生かし、海洋都市国家としてビザンツ、イスラム世界と早くから交流し、ヴェネツィアより先に繁栄を迎えたアマルフィ。地元の高校で教え、アマルフィ歴史文化センターを牽引しながら、ガルガーノ氏はアマルフィの中世史研究に情熱を注ぎ、世界に発信してきた。五〇代半ばだが、研究への意欲は高まるばかり。

つい最近も、中世の造船所（アルセナーレ）の修復にともなう発掘で地下から排水溝の素晴らしい遺構が出てきたことを興奮気味に知らせてきた。

日本のテレビ番組にも時折出演。「世界ふしぎ発見！」でも、アマルフィが誇る造船所の跡を案内し、この海洋国が生んだ羅針盤と海洋法の解説をした。

「僕は中世のアマルフィに生きているようなものだ」とガルガーノ氏は笑う。その記憶力は凄く、教会や重要施設の建設年代など、何を尋ねても、即座に答えが返ってくる。「ガルガーノ先生の頭は、まるでアマルフィの歴史のデータベースそのものだ」とは、仲間の弁。

普通、文献史料から研究する歴史家は、建築や都市空間にあまり関心をもたない。ところが、ガルガーノ氏は逆。中世の史料からわかった建物に関する情報を自分で復元的に絵にしてみるほど、建築や空間が好きなのだ。我々の調査隊には願ってもない地元の協力者だった。都市の発展過程に関するレクチャーを受け、立体迷宮都市の隅々まで案内してもらい、六年間に及ぶ我々のフィールド調査は開始された。

どの街にも、我が街を愛するこんな素敵な歴史家がいてほしいものだ。

28 パッセジャータ

イタリア人との会話の中で、私はいつも尋ねることにしている。「あなたの街では、パッセジャータのコースはどこですか?」と。

イタリア人が大好きなパッセジャータ（散歩）は、日本の散歩とはいささか違う。一人静かに哲学の道を、でもなければ、犬との散歩でもない。都市の中心部の決まったコースに、夕方、食事の前のひと時、大勢の市民が集まって、集団で行ったり来たりするパフォーマンスを繰り返すのだ。華やかな目抜き通りを舞台とし、象徴的な広場にも流れ込むことが多い。

誰もが、友人、家族と小グループで歩く。女性達はおめかしをして登場。毎日、同じ仲間で歩くのを楽しみにしている。途中に、美味しいアイスクリーム屋があることが重要だ。目的については諸説ある。食事前に歩いて、食欲を増進する。男女それぞれ別グループで歩き、すれ違う時に声を掛けながら、カップルが誕生。集団お見合い的な役割がある、というのだ。いずれにしても、老若男女、誰にとっても社交の場であることは間違いない。

私も北から南までイタリア各地でいろいろな散歩空間を体験した。その中でも印象に残るものと言えば、アマルフィの港のまわりでのパッセジャータ。特に、夏場のアマルフィ市民による海辺のパッセジャータは圧巻だ。

晩の食事が終わる一一時頃から深夜の一時、二時まで、ドゥオモ広場から「海の門」の外に広がる古い港周辺に、そして近代のプレジャーボートのマリーナに沿った海辺のプロムナードに、大勢の市民がどっと繰り出す。海を渡る涼しい風が頬をなで、闇の水面に周

トラーニの旧港周辺でのパッセジャータ（陣内研究室撮影）

りの灯りがキラキラ輝く。深夜なのに、ベビーカーを押した若い夫婦が多いのも、開放的な南イタリアならではの光景だ。海に突き出す長い桟橋は、カップルにとっての格好の舞台。中高年の仲のよい夫婦も沢山いる。

振り返ると、崖の上に聳える海洋都市アマルフィが、見事にライトアップされ、夜空をバックに浮かび上がる。

自然の恩恵と海洋都市の栄光の歴史。その豊かなイメージが眼の前に広がる。アマルフィ市民は、こうして毎日、海辺のパッセジャータで至福のひと時を家族や仲間と過ごすのだ。

29 バール

あるフランス通の友人が、イタリアの旅先から、「エスプレッソがフランスより何と美味しいことよ」、とメールをくれた。「そうでしょう」と即座に返信。

しかも、イタリアの誇るエスプレッソコーヒーは、北から南に降りるほど美味しくなると言うのが私の持論。特に、ナポリ以南の濃いエスプレッソの味は格別だ。

カフェ（コーヒー）文化は味だけの問題ではない。飲む場所が重要だ。店としてのカフェはバールとも言われ、イタリア人の生活に欠かせない。日本でも、エスプレッソやカプチーノを飲めるイタリアのバールに似た雰囲気のカフェがずいぶん増えた。プロント、ドトール、そしてアメリカからはスターバックスが到来。セルフサービスで安く、便利なので私もよく利用する。

だが、イタリアのバールは、それとはひと味違う存在だ。市民の社交場であり、地域コミュニティに根を下ろす大切な施設なのだ。

食後、腹ごなしに一人でカフェを飲むこともあるが、普通、友人や仲間と立ち寄る。あるいは顔馴染みがいて、会話が始まる。日本のチェーン店とは違い、どこも個人経営。気のいい主人や店員との軽妙なやり取りも楽しい。路上で友人と会うと、「ちょっとそこのバールに」と誘い合って、楽しいひと時を過ごす。だが立ち飲みが原則で、長居はしない。

朝の開店はめっぽう早い。出勤の途中、立ち寄って、カプチーノとコルネット（甘いクロワッサン）で朝食をとる人も多い。

時間に余裕があれば、広場や街路に張り出したカフェテラスでくつろぐ。街の開放的な空気を吸いながら、コーヒー一杯で、長居できるのが嬉しい。

イタリアでは会話が大事だから、ほとんどの椅子が街路側に向けて並べられ、道行く人と視線のやり取りを楽しむフランスのような気取りはない。昼下がりの広場のカフェで、ご婦人方が長時間、いかにも楽しげに向かい合ってお喋りに興ずる姿が印象的だ。

イタリア人にとって、都市の中の居場所の最たるものが、広場や街路と繋がったカフェやバールの存在なのだ。

30 イスキアの温泉

南イタリアの豊かさを語るのに紹介したいもう一つの場所は、イスキア島。ナポリの沖に浮かぶ風光明媚な島だ。三年前の夏、ある雑誌の取材に同行し、この島の温泉三昧を楽しめた。

さすが歴史は長く、古代ギリシア人がここに温泉を発見し、ローマ皇帝もこの地をこよなく愛したという。中世以後は鄙《ひな》びた場所となり、もっぱら漁業と農業で生計をたてる素朴な島であり続けた。

だが戦後、自然の恵みが注目され、イスキアにとって状況は急転。一九五〇年代に、イタリアの出版社リッツォーリの創始者がこの地を訪ね、島の美しさに魅了されたことがことの始まりだった。リッツォーリ氏は、地元の漁師や農民だけだった島にホテル温泉施設を建設。さらにこの地を舞台とした映画を次々と手掛けたため、各国から大スターや文化人が訪れるようになったのだ。

だが、イスキアを「温泉の島」として世界に広く知らしめたのは、実はドイツ人だった。バーデン・バーデンに代表されるように、ドイツ人の温泉好きは有名だ。しかしドイツの温泉には海がなく、太陽光も乏しい。食事も知れている。ドイツ人は、太陽とビーチのある温泉地、イスキア島の存在を知って、欲望に目覚めてしまったのだ。食事やワインの美味しさにも魅せられた。それがきっかけで、今や国内外から、本来の療養の目的とリゾートを兼ねてこの島に大勢の人々がやってくる。

受け入れる温泉付きホテルが、超高級なものを含み、沢山できている。イスキア自慢の温泉療法「泥パック」を私も体験した。温泉のミネラルをたっぷり吸い込んだ泥が、強い太陽エネルギーを存分に吸収。それを全身に塗るのだから、元気が蘇って当然だ。

海を望む風光明媚な傾斜地に段々状にテラスを造成し、大規模に開発したテーマパークのような楽しい温泉施設も複数ある。家族連れの長期滞在者に人気がある。

岬の断崖絶壁下の小さな砂浜に、熱いお湯が湧く天然露天風呂を発見。波の音を聞きながら海の湯に横たわる爽快感を、島の人達と一緒に堪能した。

イスキア島、砂浜の天然露天風呂

31　サルデーニャの文化

サルデーニャ島は、対極のイメージをもつ。一つは、エメラルド海岸に代表される上流階級の超高級リゾート地。もちろん我々に縁はない。もう一つは、太古の歴史を受け継ぐ羊飼いの野生の大地。そこに神秘の謎に包まれたヌラーゲと呼ばれる巨大な石の塔状建造物（前一五世紀―前三世紀）の跡が無数にある。古代ローマの支配も、ルネサンスの精神も入らず、独自の世界観と生活習慣をずっと維持した所だ。ケルトの世界と並び、ヨーロッパ文明の深層の一つが、ここに見出される。

サルデーニャから若い人類学者が留学して来たのがきっかけで、この秘境の島を調査する幸運に恵まれた。一五年ほど前のこと。その成果をまとめた英語付きの出版物が評価され、サルデーニャの小さな出版社から、イタリア語、サルデーニャ語を加えて四カ国語で刊行された。幸いその本が二〇〇九年のサルデーニャ建築家協会賞を受賞し、ヌーオロ（サルデーニャ中部の都市）での彼らの年次大会に招かれた。

参加してびっくり。文化の香り高き立派な学会で、ヌラーゲの発掘調査や、その遺構の保存活用に関する最新の研究発表が次々になされ、サルデーニャの文化的アイデンティティへの建築家達の拘《こだわ》りの強さがよく分かった。

知られざる内陸高地へのエクスカーション（体験型の見学会）がまた最高。スケールの大きな自然風景の美しさに心を打たれた。

ウラッサイというのどかな山間の村に、思いもよらぬ珠玉の文化空間が潜んでいた。地元出身の女性アーティスト、マリア・ライさんを記念する素敵な美術館だ。ローカル鉄道の小さな駅舎と車庫という産業遺産を見事に保存活用した傑作。様々な素材を使った立体作品を創り、インスタレーション等の環境芸術の分野をも切り開いてきた前衛アーティストの思いがこめられている。九〇歳を越え今なお元気な彼女自身が笑顔で我々を迎えてくれた。

帰路、羊飼いの家族に招かれ、自分達で石を積み木材で屋根を架けたという手作りの家で、食事をご馳走になった。大きな暖炉で時間をかけて焼いた山羊と羊の肉料理は格別な味だった。

経済的には決してよい状態とは言えないサルデーニャだが、その精神の豊かさを教えられる意味の深い旅だった。

中部サルデーニャ、羊飼いの手づくりの家

32 田園の教会

サルデーニャ南部の田舎町、シリークアの教会でのこと。地元の老婦人に街の歴史や祭りの話を聞いていると、「キエーザ・カンペストラ」（田園の教会）という耳慣れない言葉が何度も出てきた。てっきり、どこかの教会の固有名詞かと思っていたら、そうではない。街の外の田園にぽつんと建つ教会の一般的な呼び名だと分かった。街の教会よりむしろ重要で、愛着をもたれている。太古の文明を受け継ぎ、大自然や田園が人々の暮らしに決定的な意味をもつサルデーニャらしい話だ。

よく聞くのは、今の街に人々が移り住む前に、田園に小さな村が存在し、その教会が住民の移住後も、心の古郷として大事にされてきたというパターン。祭りの日、街から「田園の教会」まで厳かに宗教行列が行われ、聖人の像は里帰りを果たす。かつては牛車で運んだ聖人の像だが、今はトラクターがその代役をする。到着すると教会での厳粛なミサ。そして人々は深夜にかけて、歌や踊りを楽しむのだ。

サルデーニャのより古い文明をもつ中部の山間の羊飼い文化圏では、「田園の教会」はノヴェナーリオと呼ばれる。聖人の祭りの日を中心に九（ノーヴェ）日間、人々は田園の教会へ移り、ムリステネスという質素な家に寝泊まりし、毎日、敬虔な祈りを捧げるのだ。

中部サルデーニャのブザキ郊外の「田園の教会」（上）と宗教行列

最後には、祭りのどんちゃん騒ぎが待っている。聖と俗の反転が興味深い。

ノヴェナーリオは、城壁をもつ小さな街のようだ。聖なる土地の周囲に壁を巡らし、それに沿って長屋状のムリステネスが連なる。小さな教会が真ん中に独立して建つ。ロマネスク様式の古いものも多い。太古のヌラーゲ時代の聖なる井戸や巨石構造物の遺構の上につくられ、聖なる場所の記憶を受け継ぐものも少なくない。地霊（土地の精霊）を強く感じさせる。

ノヴェナーリオはたいてい眺めのよい風光明媚な一等地にあり、最近では、夏場や週末用のバカンス村としてちゃっかり利用される例が増えている。地域資源を巧みに活かした何と持続可能な生き方ではないか。

33　ヌラーゲ

シチリア島に次ぐ地中海第二の大きな島、サルデーニャは、外部から孤立しているため、言語、歴史、伝統がイタリア本土とは異なる独自の文化を育んできた。この島には「聖なる井戸」や「巨人の墓」など、古代からの記憶が受け継がれた場所が数多くある。

紀元前一五〇〇年頃からローマ人に征服される紀元前四〇〇年頃までサルデーニャには、牧畜経済を中心とした独特の文明が築かれ、ヌラーゲと呼ばれる巨石構造物が次々と建てられた。

ヌラーゲは、一辺約一メートルほどの大きな石を接合剤をいっさい使わず積み上げた円錐形の塔で、大きなものでは高さ二〇メートルにも及ぶ。入り口は一カ所だけで、そこをくぐると、薄暗くひんやりとしたホールに出る。石を積み上げたドームで天井を覆われ、神聖な礼拝空間のような雰囲気がある。また、多くのヌラーゲには入り口の左わきにホールの回りを登るらせん階段があり、屋上へ続き、塔の上からは周辺に広がる田園風景を一望することができる。ヌラーゲの基本形は単体だが、発展していく過程で塔がいくつも組み合わさり、形や規模にはさまざまなバリエーションがある。

サルデーニャには現在七〇〇〇ほど残っているが、不思議なことに、広い地中海世界を見渡してもサルデーニャの一部にしか存在しないなど、謎がつきない。何を目的として造られたかもいまだに解明されていない。ヌラーゲが建てられた時代のサルデーニャは戦いが絶えず、堅固な造りのこの構造物は、まず防御の役割を持ったとされている。また象徴的な形をしていることから、部族長の家だったという説も根強くある。

しかし、閉鎖的で居住性がよくないことを考えると、住居以外の特殊な用途の施設だっ

大きな石を積み上げたヌラーゲ

た可能性も十分にありえる。天文台だったと考えられたこともあったが、今日では、祭りや儀礼などの宗教的な目的をもつ施設だったとする説が有力だそうだ。確かに、後の時代のヌラーゲが、しばしば聖なる要素として尊重された事実を考えると、その可能性が高いと考えられる。

近年、ヌラーゲに対する関心はますます高まっており、今日ではヌラーゲだけを扱ったガイドブックまである。

34　聖なる井戸

サルデーニャ体験から、日本のまちの研究に重要なヒントを得たことがある。水の湧く所に古くから人が住み、歴史が重層している、という視点だ。日本でも、古い神社には湧水と結びついて生まれたものが多い。

大地に力があり、古層が生きる神秘の島サルデーニャは、現代人が忘れていることを思い起こさせる。

この島には、「聖なる井戸」として知られるものが幾つもある。ヌラーゲ文明が全盛の紀元前一三世紀頃、サルデーニャでは、大地の恩恵である「泉」への信仰が始まった。水は生命の源泉であり、その霊力が場所に聖なる意味を与えてきたのだ。

観光地としても有名な中部サルデーニャのサンタ・クリスティーナの聖域跡は必見。ヌラーゲ時代の羊飼い達にとって重要な巡礼の地であり、宿泊し集会も出来る立派な施設が聖域内に遺跡として残されている。

お目当ての聖なる井戸は、その一画にある。ヌラーゲの荒々しい巨石積みと対照的に、精巧に切石《きりいし》を積んだ美しい構造物にまず、驚かされる。現代建築顔負けの見事な階段を二五段ほど降り、神秘的な雰囲気が漂う井戸の水際に至る。上部の地上に設けられた明かり取りから差し込む光が、水面をほんのり照らす。水の霊力を活かした、魔術的医療も行われていたという。

聖なる井戸。サンタ・クリスティーナの聖域

サンタ・クリスティーナの聖域の力はキリスト教の時代にも衰えず、隣接地には、近くの町の住民が大切にする田園の教会（ノヴェナーリオ）がある。

カブラス近郊の田園にあるサン・サルバ

トーレ教会は、もっと凄い。ヌラーゲ時代の井戸の上に教会がある。教会内部から階段で五メートル程降りると、地下の礼拝空間。その奥にヌラーゲ時代の井戸があり、今も水が湧く。後に征服したローマ人も、井戸の霊力を尊重し、この聖なる場所を自分達の宗教空間として受け継いだことが、壁に描かれた神々の像から知られる。次のビザンツの修道士達も地下の礼拝空間を使い続けた。

カブラスの住民達は、三〇〇〇年も継続する聖なる場所を守りながら、ノヴェナーリオの施設を夏の賑やかなバカンス村として、実に逞しく使いこなしている。

35　野外劇場

演劇の原点はギリシアにあると言われる。劇場もしかりだ。

ギリシア本土では、エピダウロスの壮大な劇場が有名だが、南イタリアも負けてはいない。シチリアには、アルキメデスを生んだシラクーザに、それに匹敵する大きな劇場がある。

ギリシア都市では、大自然に開かれた開放的な野外劇場で、神話や英雄伝を題材とする

タオルミーナのギリシア劇場。海をバックに演劇が行われた

悲劇や喜劇が演じられた。特に、海が広がるパノラマを背景に演劇を見るように計算された劇場が多い。

シラクーザもその一つだが、さらに印象的なのは、やはりシチリアにあるタオルミーナの劇場だ。丘の上に広がる旧市街から少し離れた、地中海を望む高台斜面の理想的な場所に、地形を利用して劇場がつくられた。真っ青な海と空。しかも、雪を頂くエトナ山まで背後の視界に入るのだ。その演劇空間のスケールの大きさは天下一品。

『古寺巡礼』で知られる和辻哲郎は、実はイタリアも隅々まで探訪し、『イタリア古寺巡礼』を著した。タオルミーナを訪ねた興奮を、「演劇が、蒼い空、蒼い海、白い山などを見晴らしながら鑑賞せられていた」と書き残している。

サルデーニャ南部、カリアリに近いノーラの古代遺跡で、野外劇場のコンサートを体験したのを思い出す。主役は、往年のカンツォーネ歌手ミルバ。日がとっぷり暮れる頃に始まった。海を背景とする古代劇場には、木製のステージにグランドピアノを置き、簡単な音響と照明だけ。古代の崩れかけた観客席だけに、お尻が痛い。

夜がふけると、海は深い闇に包まれる。何と満月が軸線の上に。幕あいの時間、打ち寄せる波がBGMのように聞こえる。二〇〇〇年前の古代劇場に身を置いて、地中海を渡ってくる涼しい風を頬に受けつつ、現代の音楽を楽しむ。痺れるような感動を覚えた。

この体験をきっかけに、東京の飯田橋駅近くの外濠で毎年、法政大学主催の水上ジャズコンサートを開催し、好評を得ている。でも、いつも雨が心配だ。てるてる坊主をつくり、無事終わると胸を撫で下ろす。それだけに、夏の間、広場や遺跡などの屋外でコンサートや様々なイベントが活発に催されるイタリアが羨ましい。

36　シチリアの光と影

歴史の幾つかの段階で、ヨーロッパの中での南の発見、再評価があった。イタリアの最南端シチリアもその中で、様々な時代に注目され、人々を惹きつけてきた。一一～一二世紀、北からやってきてシチリアを征服したノルマンの王達はアラブ・イスラムの高度な文化に魅せられた。一八世紀後半には、シチリアもグランドツアーの対象地に入り、多くの画家や文人を惹きつけた。ゲーテもまたシチリアの地を踏んだ一人だ。一九二〇年代、和辻哲郎もシチリアを訪ね、後に『イタリア古寺巡礼』の中にその印象を綴っている。

近代に入って経済の貧困や後進性といった影の部分ばかり目立ったシチリアだが、近年、南イタリア全体の再評価とともに、再び注目されつつある。近代文明に疲れた人々が活力や生命力をもとめ、南の価値を再発見し始めているのではなかろうか。

シチリア的な価値は、豊かな自然の恵みに、そしてその環境のなかに積み重ねられてきた古代以来の文化の厚みにある。その独特の都市風景は人々を魅了する。

ギリシア植民都市を代表するシラクーザを先ず見よう。全ての都市の中で最も美しいと言われた海に囲われた都市だ。現在、シラクーザについては、本土側の「ギリシア劇場」や「天国の石切り場」、「ディオニュソスの耳」といった観光名所ばかりが知られるが、実はオルティージャと呼ばれる古い島にこそ、この街の市民が最も愛着を覚える旧市街がある。その入口近くにはアポロン神殿の遺跡があるし、中心の広場に聳えるドゥオモは、内部にアテナ神殿のドーリス式の柱列をそのまま残し、古代の記憶を伝える。ロマンチックな古代神話と結びつく「アレトゥーザの泉」も、シラクーザのギリシア性を語るのに欠かせない。

この島を歩くと、並行して海に伸びる道路群が印象的だが、それらはギリシア時代の都市計画で生まれたものなのだ。中世には、アラブの支配も受け、神殿から転用されていた教会が今度はモスクとなった。街路も、住民にとって住みやすくつくり変えられ、ロンコと呼ばれる袋小路を数多く生み出した。一八世紀、南東シチリアを襲った大地震からの復興の時期、ドゥオモ広場を中心に、シラクーザは演劇的な効果をもった建築を次々と建設

脅威の蘇りを見せるシラクーザの大聖堂広場

し、都市のイメージを刷新した。こうした歴史の層を重ねるオルティージャだが、戦後しばらく荒廃し、歩くのが怖い場所となっていた。近年、この島の内部が修復再生され、素敵な店やレストランも増えて、活気づいている。行政が手掛けた中心部の歩行者空間化と広場・街路の公共照明の演出が大きな効果をあげたという。

シチリア北西部の小都市エリチェも、神話・伝説に包まれた古い都市だ。古代には、豊穣の女神を祀る聖地として名高く、大勢の人々を惹きつけた。その聖域＝要塞を訪ね、古代世界に思いを馳せたい。フェニキア時代の城壁や城門を今もしっかり残すエリチェは、イタリアでも最も古い都市といえよう。同時に、中世のヒューマン・スケールの都市の魅力をたっぷり味わえる街でもある。美しい石の模様の道路舗装が印象に残るし、街の至る所にあるパティオが目を楽しませてくれる。迷宮的な都市空間を彷徨う観光客の姿が夏場は夜遅くまで絶えない。新たな質をもった観光がシチリアに展開しつつあるのを実感できる。

パレルモもやはり、かつては「地上の楽園」と言われるほどに美しい都市だった。古い港町で、ギリシア時代の都市名パレルモスは、「すべてが港」という意味だった。中世八～一一世紀には、パレルモはアラブの支配下に入って、大いに繁栄し、モスク、パラッツォ、庭園、カステッロ、市場、公共建築、浴場などを次々と建設したが、その遺構はほとんどない。だが幸い、続くノルマン王朝の時代に実現した幾つものモニュメントの中に、我々はイスラム建築の美を堪能できる。ビザンツ様式のモザイクと見事に一体化した王宮礼拝堂のアラブ的な建築構成、そして田園の邸宅・離宮として遊び心を追求した居心地のよさそうなジーザやクーバの建築空間は、圧巻である。

このパレルモは、一七世紀初め、バロックを先取りする都市改造を実現した。王宮から海への古い軸線に対して直交するマクエーダ通りを建設し、クアットロ・カンティという名の交差点広場を華やかにつくり出したのだ。「太陽の劇場」とも呼ばれ、祝祭の舞台としても人気を集めた。一九世紀末〜二〇世紀始めに、パレルモは再び黄金時代を迎え、リバティーの様式の素晴らしい建築を数多く生み出した。だが、その後、パレルモは凋落の一途をたどった。

幸い、近年このパレルモも再生に向けて動き始めている。旧市街には、修復再生の工事現場が数多くあり、いい写真が撮りにくいほどだ。この都市が蘇る日を待ち望みたい。

37　モザイクの輝き

中世のビザンツ様式の教会と言えば、モザイクの美しさ。それを堪能するには、実は、

〈140-141頁〉パレルモの王宮礼拝堂（鈴木知之撮影、２点とも）

イスタンブール（かつてのコンスタンチノープル）をはじめとする東の地域より、むしろイタリアに行く必要がある。

本来、ビザンツ帝国が広がっていたギリシアから今のトルコ、さらに東の国々は、オスマン帝国の支配下に入り、教会の大半はモスクに転用された。モザイクの手法によるキリスト教の図像は、偶像を否定するムスリムの手で隠され、壊される宿命にあった。

それに対しイタリアでは、ビザンツ帝国の支配下にあったラヴェンナや、その影響を強く受けていたヴェネツィア、及びシチリアのパレルモ周辺に幸い、金地ガラスモザイクの見事な作品が受け継がれ、輝きを放っている。

特に眼を奪うのは、一二世紀頃、ノルマン朝の王達の手で建設された教会や宮殿だ。特に、その首都だったパレルモ。コスモポリタンな雰囲気の中で、アラブ・イスラム文化とビザンツ文化が融合し、独自の造形を育んだ。

南イタリアの荒廃した旧市街の典型、パレルモ中心部の高台に、ノルマンの立派な王宮がある。「ルッジェーロの間」に入ると、金色に輝くボールト天井と壁面のガラスモザイクが迎えてくれる。楽園の幻想的な場面が広がる。

王宮内にある私設礼拝堂は、パレルモ近郊のモンレアーレの壮麗な大聖堂と並び、ビザンツとアラブの文化融合の傑作。足長のアーチの形も含む建築の基本構成、天井の鍾乳石飾り、床の幾何学構成などはアラブで、一面の壁やドームのモザイクはまさにビザンツの世界。「バベルの塔の建設」「アダムとイブの天国からの追放」、など旧約聖書の有名な主題が壁面を美しく飾る。

宗教空間だけではない。パレルモ近郊にノルマンの王が建設した夏の館「ジーザ」にも、その大広間にモザイクの輝きがある。壁の噴水から落ちる水が室内を流れる快適な空間で、祝宴が催された。その背後の壁をやはり、楽園をイメージ豊かに描いた金のモザイクが飾る。このジーザも最近、修復整備が進み、文化的後進地に成り下がっていたパレルモに、再生の兆しを感じさせる存在となっている。

地中海世界の美術や建築の歴史は、シチリア抜きには語れない。

Ⅱ　中部イタリアのスローシティ

38　都市ローマを読む

ローマを対象に「都市を読む」には、古代から現代までの〈時間〉の軸、丘・川・低地からなる〈空間〉の軸、そして、広場や街路、噴水、教会などの建造物、遺跡、あるいは祝祭、劇場といった〈テーマ〉の軸が考えられる。ここでは、〈時間〉の軸を中心に、〈空間〉と〈テーマ〉をからませながら、ローマの都市を読んでみたい。

ローマの都市風景を印象づけるのは、先ずは丘と川である。ルネサンス時代に描かれた古代ローマの地図も、丘と川を強調している。ローマ建国伝説の双子の兄弟、ロムルスとレムスはテヴェレ河畔に流れ着き、パラティーノの丘で狼の乳で育てられた。テヴェレ川の中心に浮かぶティベリーナ島は、古代の医学の神、アスクレピオスが乗ってきた「聖なる船」になぞらえられ、そこに神殿がつくられた。中世以後も、教会と病院ができ、記憶が受け継がれてきた。その南の港には、海港の守護神、ポルトゥヌスの神殿が祀られ、今も水辺に姿を見せる。

古代ローマにとっての聖なる丘は、カンピドリオの丘で、ユピテル神殿の基壇の一部が残っている。中世にも市庁舎のある場所として受け継がれていたが、一六世紀にミケランジェロによって、堂々たる広場が実現し、再びローマの中心となった。ここに置かれたマルクス・アウレリウス帝の騎馬像は当時、キリスト教を公認したコンスタンティヌス帝のものと信じられていたともいわれ、カトリックの栄光を古代の異教の中心世界にもち込む意図があったものと想像される。

北に広がる低地、カンポ・マルツィオは、古代都市の拡大であとから市街地となったが、中世には、水が得やすいことから、むしろここに人が住み続けた。このカンポ・マルツィオ、あるいは川向こうのトラステヴェレ地区を歩くと、中世的な雰囲気を残す曲がった狭い道、そして塔状住宅や外階段のある家などが見られる。他の中世の居住地は、古代ローマの中心からは少し外側に成立した七つのバシリカの周りに分散していた。

一五世紀にローマに法皇が戻り、都市の復興が始まった。一四五三年、本格的にローマ再生に着手したニコラウス五世は、古代水道を蘇らせ、聖ペトロを祀ったサン・ピエトロ寺院を優先させ、そこからローマ復興の都市づくりを開始した。それを受け継いだユリウス二世はブラマンテを登用してベルヴェデーレの中庭、サン・ピエトロの建替えに着手。テヴェレ両岸のヴィア・ジュリア、ヴィア・ルンガーラの建設を実現した。

一五二七年、ローマの略奪でこの都市は一時混乱するが、この世紀の半ば、ミケランジェロが建築家として、三つのプロジェクトで都市再生に貢献した。大ドームをもつサン・ピエトロ寺院の実現、先のカンピドリオ広場の造形、そして東の丘の端のピア門の設

カンピドーリオ広場。ローマ

計である。

一六世紀末、対抗宗教改革の気運の下、シクストゥス五世は建築家ドメニコ・フォンターナを登用し、ローマの大規模な都市づくりを手掛けた。世界中から訪れる信者にとっての巡礼ルートを整備する目的で、中世以来の七つのバシリカを直線道路で結び、広場に目印としてオベリスクを立てた。これらの道路建設は主に、まだ田園が広がる東の高台で行われ、新たな都市発展を促進した。起点となったのは、微高地にあるサンタ・マリア・マッジョーレ教会だった。丘の起伏を突っ切り、真っ直ぐつくられた新たな軸線の重要なポイントに、トリトーネの噴水、パラッツォ・バルベリーニ、サン・カルロ教会、サンタンドレア教会などが登場し、バロックのローマを飾った。

こうしてローマの東側高台に新たな山の手が誕生したが、ローマ・バロックを特徴づけるさらに劇的な空間は、むしろ低地のカンポ・マルツィオ地区に展開した。ローマ市民もそこをローマ・ヴェッキアと親しみを込めて呼ぶ。

その中心、ナヴォナ広場は、ドミティアヌス帝の競技場の形態をそっくり受け継ぐものであり、中世以後、市の立つ広場となっていた。オベリスクの聳える世界の四大河川の噴水（ベルニーニ作）、サンタニェーゼ教会の登場で、この広場はバロックの華やかな演劇的空間に転じた。この近くに登場したサンタ・マリア・デッラ・パーチェ教会やサンティーヴォ教会は、高密な市街の中に巧みに挿入され、ローマの下町ならではの劇的な変化のある驚きの空間を創り出した。

一八世紀に実現したスペイン階段は、丘の地形を最大限生かした傑作であり、石の空間の中に水が戯れる桃源郷のような異界空間を生んだトレヴィの泉とともに、ローマの後期バロックを象徴する場所となった。

39　ローマの噴水

はじめて真夏のローマを歩いた時、噴水の有難さを体感したことを思い出す。広場に設けられた噴水の水は、見た目や耳に清々しい印象を与えるばかりか、実際に気化熱を奪い、まわりの空気の温度を下げる役割をする。もちろん、実際に手や顔を水で洗えば、心身ともにリフレッシュできるのだ。茶目っ気たっぷりのイタリア人のこと、子どもばかりか大人も噴水の池の水に入ったり、足をつけたりは当たり前だ。

噴水は、石造りの重厚な表情の都市に、やわらかさを与えてきた。永遠の都の建物は、何世紀も変わらず存在する。その中に生彩を加えるのは、自然の要素である。緑も重要だが、意外に生きているのが噴水の水の演出である。風になびき、揺らぎ、光を屈折させ、刻々とその表情を変化させる水は、見ていて飽きない。実際に飲める水も多い。地下深く水道管が通っているから、ローマの水道の水は実に冷たく、生き返るような喜びを与えてくれる。

ローマの噴水は、「フォンターナ（*fontana*）」であり、必ずしも噴水の言葉から想像されるような噴き上げる形式を意味しない。高く噴き上げるには圧力を生む高低差が必要だったし、そもそもフォンターナにとっては、人や馬が水を飲む実用性が大切だった。噴水というより、水の湧く泉という感じが強い。トレヴィの泉のように、建物の正面に書割りのように設けられ、水にちなんだ寓意像の彫刻が戯れる舞台装置のあちこちから水が湧き出し、流れ落ちる。ローマ近郊で産出される石、トラバーチンのざっくり感が、噴水の彫刻には実にお似合いである。

ローマの噴水は古代からたくさん設けられた。古代ローマ時代には、技術と経済の力で遠くの山裾からわずかな勾配を活かし、地下トンネルと谷を越える場所でのアーチ橋を併用し、都心にまで水道を延々と引いた。噴水の発展は水道建設の歴史と結びついていた。一五世紀にアヴィニョンからローマに法王が戻り、ローマがルネサンスを迎え復興し始めると、まず古代の水道の修復再生が行われ、やがて新たな水道の建設が始まった。水道が

伝統的な舟を象った「バルカッチャの泉」。ローマ

できると、高台にも人々が再び住めるようになり、ローマの市街は大きく展開できるようになった。

一五八〇年代、シクストゥス五世の都市改造とともに生まれた東の高台の交差点に、バロック時代、建築家ボッロミーニの傑作、サン・カルロ教会が登場し、同時に四つの噴水が設けられた。尾根道が交わる峠の広場に、まさにオアシスのイメージが造形化されたのだ。

噴水はまた、時代とともにその役割を変化させた。中世から初期ルネサンスの噴水は、人と馬が水を飲む実用性が重視されたが、やがてバロック時代になると、華やかな象徴性をもち、むしろ舞台装置の役割を担うようになった。広場に置かれる位置も、時代によって変化したのだ。広場と噴水を観察すると、都市ローマの歴史そのものが読み解ける。

数年前、四月初頭の二日間、ローマに滞在する機会に恵まれた時にも、噴水の大切さを再認識させられた。すでに初夏を思わすような陽射しのもと、開放感に溢れる広場や街路をのんびり歩くのは、何とも心地よい。そのローマの都市空間の魅力に欠かせないのが、まさに噴水なのだ。

私の大好きな最もローマらしい下町、トラステヴェレ地区のサンタ・マリア・イン・トラステヴェレ教会前の広場にまず足を向ける。車を遮断した大きな矩形の広場は、人々の歓声に溢れ、華やいだ市民の劇場といった雰囲気に包まれている。広場や街路に面しては、レストランや店が並び、観光客も多いが、上の階にはローマっ子達がたくさん住み、生活感に満ちているのが魅力だ。広場中央に大きな円形の噴水があり、この屋外空間全体に劇的な効果を生む舞台装置になっている。

噴水の水は、季節の変化や風の動きによって表情を変えながら、石造りのローマの街に、独特の生命感を与える。土曜日ともあって、この日も、噴水の周囲に巡る数段の丸い階段には、若者も老人も、そして乳母車を引く若夫婦も腰を下ろし、気分よさそうに寛いでいた。お金などかけずとも、いつまでも親しい人々とのお喋りに興ぜられるのが、最高だ。

イタリア人は、家に住むとは考えない。まさに街に住むのである。家から出れば、そこには、味わい深い街路の風景があり、また華やぎをもつサロンとしての公共空間がある。カフェ、ギャラリー、ブティックがお洒落な文化的刺激を与えてくれる。人々はこうして街の中心に住むことの楽しさ、充実感を常に感じて暮している。そうした条件があってこそ、噴水が生きてくる。あるいはまた、噴水があることによって、こうした都市に住む喜びがもたらされる。見るだけの飾りの噴水などあり得ない。夏ともなれば、子供達が噴水の水面に飛び込む姿がどこでも見られる。もちろん、冷たい噴水の水は、疲れた身体を癒し、まさに都市のオアシスとしての意味を生み出すのである。

長年、修復で水が止まっていたトレヴィの泉に数年前、工事が終わり、水が戻った。この噴水、昼間は観光客で溢れるが、実は、夕方から深夜にかけては市民達が舞台の主役を演ずるという点が興味深い。照明に照らし出された異界としての噴水周辺の空間は、不思議な魅力を醸し出す。こんな観光都市の中心にあっても、まわりに沢山の住民が住み、生活を支える店、職人の工房が多いという。それが都市の懐の深さであり、そこに噴水があるからこそ、また華やかな劇場都市、ローマが成立するのである。

40　石畳

私の研究室には、イタリアに面白いテーマを持って留学する学生が多い。福留由莉子さんは、イタリアの古い街の石畳の美しさにはまって、フィレンツェ大学に留学し、お隣のウンブリア地方の丘上都市の舗装を研究。彼女が現地で描いた石畳に関する数多くの見事なスケッチを眺め、その多彩さに改めて驚かされた。地元産の石を巧みに使い分け、舗装デザインのバリエーションが豊富に生み出されている。

スペッロ（ウンブリア）の美しいデザインの石畳（福留由莉子撮影）

ナルニ（ウンブリア）の石畳のスケッチ（福留由莉子作成）

南北に長く地形条件も違うイタリアだけに、古い街を訪ねると、石畳の観察は確かに楽しい。ピンコロ石、大きめの切石、小粒の玉石や不整形の石、時に煉瓦も上手に組み合わせ、雨水処理のための勾配をつけ、美しいパターンを創り出す。

石畳は人に優しく、車には不向きだ。そのため近代化の中で、往来の多い道路には、アスファルト舗装に替わるものが多かった。

そもそも石の舗装の歴史は古い。ポンペイでは、街路すべてを見事に舗装。中世のヴェネツィアでは、サン・マルコ広場が一二世紀に煉瓦で舗装。一五世紀末には、主要な広場や道は石や煉瓦で舗装されていた。一八世紀、サン・マルコ広場は白い石を線状に用いたリストンと呼ばれるエレガントな舗装を実現。この時代、イタリアの広場は屋外の優雅なサロンのイメージをもったのだ。

近代には、旧市街の狭い街路にも車が沢山入り込んでいたイタリアだが、一九七三年のオイルショック以後、歩行者化が徐々に進み、伝統的な石畳の舗装が復活してきた。歩行者化を促進し、舗装を美しく整えると、人々が街に戻る。散歩を楽しみ、それが買い物につながり、経済が活性化する。こうして旧市街が元気を取り戻してきた。

ローマの中心、ボルゲーゼ広場周辺でも、アスファルト舗装を石畳に変える工事が行われた。奇麗な公共空間が生まれ、いいこと尽くめと思っていたら、ある女性の都市計画家が、本音の話も教えてくれた。

「石畳は実は、ハイヒールを履く女性にとっては天敵なのよ」

でも今のイタリアには、少々の不便さを超えて、美しさや格好よさを求める気分が高まっている。

41 ティヴォリの庭園巡り

二〇〇五年の秋、ローマ大学での集中講義でこの古都に滞在している間に、近郊のティヴォリに久しぶりに足を伸ばし、招いてくれた建築学部の友人、ガゾーラ教授と一緒に休日を楽しんだ。ティヴォリといえば、ハドリアヌス帝の古代のヴィッラ（別荘）、そしてエステ家のルネサンスのヴィッラで世界的に有名な場所。だが、我々の目的地は、つい半年前（二〇〇五年の春）に五〇年ぶりに公開されたばかりの、教皇グレゴリウス一六世が一八三〇年代につくった一風変わったヴィッラだった。

ティヴォリは、ローマを流れるテヴェレ川の水源地としても重要で、その支流のアニエーネ川が街を流れ、湧き水も多い水が潤沢な所だ。古代の有名なハドリアヌスのヴィッラも、背後の丘から水を引き、円柱が水面の周りを巡るカノプス、水の劇場など、美しい水の造形で訪れる者を魅了する。

エステ家のヴィッラも、まさに水の楽園。各種の噴水が緑に包まれた庭園の隅々まで配置され、夏の暑い時期も、涼しく心地よい散策を満喫させてくれる。だが、いずれも人間の頭の中で計算された人工空間だ。

それに対し、このグレゴリウス一六世のヴィッラの庭園は、自然が支配する。渓谷の上から豪快に流れ落ちる滝の水流が岩場の巨大な穴に流れ込み、一度姿を消したあと、再び下で川となって流れ、緑の大自然と一体化した見事な小宇宙を形づくっている。一八世紀にイギリスに風景式庭園が流行するが、それとはまた趣向を異にする自然をダイナミックに取り込んだ庭がイタリアにつくられたのは驚きだ。日本の回遊式庭園ともどこか通ずるが、岩山の肌が露出した強烈な自然は、やはりイタリアならではのもの。

滝の落ちる絶壁の上のエッジに、実は、古代ローマ時代の円形と矩形の神殿が二つ、廃

ティヴォリの庭園。右手は延々と続く「百噴水」

墟となって聳えている。自然のパノラマの中にこうして人工の建築物が挿入され、素晴らしいランドスケープを実現しているのだ。景勝地だけに、この渓谷を望む一角には、古代にすでにヴィッラがつくられ、その遺跡がまた回遊する人々の目を楽しませる。

幾何学的なルネサンス庭園も美しいが、ちょっと堅苦しい知的な空間だ。それに対し、この自然庭園は、子供も庶民も誰もが素直に楽しめる場。長らく閉じて眠っていた貴重な空間がティヴォリに戻ってきた。

この庭園を出て、ティヴォリの旧市街を徘徊してみる。何の知識もなく、たいして期待していなかったのだが、回ってみてびっくり。古代の中心広場フォロ、メインストリート沿いに石積の道構が次々に登場するではないか。中世初期の素晴らしい教会、住宅もたくさんある。その家並みの奥に、この街が誇るエステ家の立派な庭園が続いている。

ガゾーラ教授も、ティヴォリの旧市街の面白さを知らなかったようで、興奮気味。自分の学生に卒業研究でこの街の都市形成史を研究させよう、と話が弾んだ。イタリアでは、どんな街でも、丁寧にウォッチングして歩くと、必ずこうした歴史の重なりが発見でき、感動を体験できる。

42　丘上の都市

便利さと効率ばかりを追求する現代都市。その中にどっぷり暮らしている私たちには、イタリアの山岳丘上都市の存在は、大きな衝撃だ。周囲の自然に立ちはだかり、いかにも不便そうで、また快適にも見えない絶壁高台の上に、なぜわざわざ都市を築いたのだろうか。

イタリアを旅していると、北から南まで、どこにも格好いい丘上都市がある。でも、最も迫力があり印象深いのはトスカーナ、ウンブリア等、中部イタリアの都市だ。有名どころでは、シエナ、サン・ジミニャーノ、ピエンツァ、アッシジ、ペルージア等。

サン・ジミニャーノに旧街道を車で向かう時、前方に塔の群がシルエットを描く丘上都市の姿が見えると、誰もが車を止めて写真をとりたくなる。四十年も前、卒論のために読んだ英語の本に、ウンブリアのグッビオが世界一美しい街とあり、初のイタリア旅行の際、辺鄙《へんぴ》な所にあるこの街まで、バスを乗り継ぎ辿り着いたのを思い出す。期待を裏切らぬ迫力ある美しい斜面都市だった。だが、断崖絶壁都市の凄さと言えば、トスカーナのピティリアーノの右に出る所はない。城壁なんか全く無用だ。

山岳丘上の都市建設には幾つか理由があった。天然の要塞で防御に都合がよい。乾燥し

断崖絶壁都市、ピティリアーノ

た高台は快適で、疫病から守るにも有利だった。建築資材の石も採れる。農業もオリーブ、葡萄栽培だから斜面は好都合。牧畜の羊達も斜面は大好き。高台の街に農民が住むのは理に適っていた。山や丘自体が水源となり、少し下へ降りれば泉も湧く。

そもそも、日本の鬱蒼とした森林に被われた山とは事情が違う。丘上も開発しやすい土地で、しかも斜面だと、家が建て込んでいても、日当りや通風の条件がよく、上階からは眺望も楽しめる。外からでは想像もできない合理性のある住み方なのだ。

実は、広域を結ぶ街道が尾根を通る。その要の丘の上に都市が発達したのだ。イタリア人は目立つのが大好き。中心の市庁舎の塔や大聖堂のドームが高く聳える姿は、我が街の誇りでもある。

便利さを追求した近代には過疎で悩んだ中部イタリアの丘上都市が、近ごろますます人気を高めているのは嬉しい。

43　田園風景の美

フィレンツェで眼にする絵葉書の題材に、一九八〇年代に入って変化が生まれた。従来、都市の有名な建物や広場、芸術作品がもっぱら選ばれていたのに、何でもない田園風景の絵葉書が登場したのだ。

これがなかなか美しい。いかにもトスカーナらしい起伏のある丘の連なり、旧道に沿った糸杉の並木、そこにぽつんと農家や小さな教会の姿がある。一幅の絵になっているのだ。

イタリアでは七〇年代に、歴史的な都市を保存するだけでなく、建物や街区全体を修復再生する事業をおおいに進め、快適でお洒落に住めるようになった。八〇年代には、古い街の魅力がぐっと高まり、人気を集めた。

それと同時に、イタリア人の関心は、都市からさらに田園に広がった。そこに登場したのが「風景」のキーワード。イタリア語ではパエサッジョという。面白いことに、都市よりもその外に広がる田園に使うことが多い。田園とはいえ、純粋な自然であるはずがない。人間の手が入り、造形された人工的なもの。だが、何でもないそうした風景に美を見出す感性の変化こそ重要だ。

ローマ大学で都市計画を教える友人、パオラ・ファリーニさんは、田園の美に早くから注目したパイオニアだ。彼女の奮闘により、トスカーナのオルチャ渓谷は、まさにその田園風景の美しさで世界遺産に登録された。小さな五つの自治体が結びつき、多様性豊かな田園風景をもつ自分達の地域の価値を発掘・評価して、膨大な報告書を作成。見事にユ

ピエンツァ近郊の農家をつかったB&B。プールも見える（植田曉撮影）
〈167頁〉 田園の中のB&Bの庭から見えるピエンツァの街（上）と食材店（植田曉撮影）

VIA
DOGALI
la Bottega del Contadino
1

ニークな世界遺産となった。

都市に重なった歴史を読むのと同様に、田園にも古代以来の歴史が重なって個性を生んでいる。葡萄畑の造成法だって、時代によって変わる。そう見れば、田園が俄然、面白くなる。

近年では、「美しい風景の中でつくられたワインは美味しい」という感性さえ生まれている。オルチャ渓谷の農村が元気になった。農業製品はイメージアップし、付加価値がつく。農地の不動産価値も上がっているという。風景の価値が地域起こしの大きな武器になりつつあるイタリアの動きは、注目に値する。

44 望楼

サン・ジミニャーノの風景は、その遠望からはじまる。イタリア・トスカーナ地方の典型的な丘陵地に、十数本の塔が立ち並ぶ壮観な姿には、訪れるたびに大きな驚きと素晴らしい出会いを感じる。「都市に来た」という感激を、中世の時代から変わらず人に与え続けているのだ。

街に近づき、城門を抜けて賑やかな通りを歩いていると、なかでもひときわ高く聳える市庁舎の立派な塔（グロッサの塔）が見えてくる。街を訪れる誰もがまずはこの塔をめざして進む。

サン・ジミニャーノは中心部に向かって地形が高くなっており、その最も高いところに一番高いグロッサの塔が聳えている。そしてその隣りにはドゥオーモが堂々と建つ。このあたりは、中世前期につくられた最も古いエリアで、小さな街だけに、政治と宗教の中心が並べてつくられた。つまり、視覚的にも空間のヒエラルキー的にも、都市の中心性を非常によくあらわしているのが、このサン・ジミニャーノという街である。

市庁舎の塔には、その周りにまるで家族のようにほかの塔が寄り添う。そしてこれらの集合体がとんでもなく迫力のある景観をつくりあげた。この街が塔の街といわれるゆえんだ。

当時は、門閥と呼ばれる権力者、いわゆる大金持ちがこぞって塔を建てていた。最盛期には七二の塔が建っていたという。また、この時代、教皇派と皇帝派の争いがこれらの塔をつくる背景となっていたともいう。キリスト教の考え方には垂直志向があり、上に伸びるというのは、空にまで昇りたいというまさに人間の欲望、野望、あるいは権力志向を示していた。しかしあるとき、民間の塔については公共の塔よりも低くする、という制限が

サン・ジミニャーノの上からの眺め。市庁舎の塔より

塔が乱立するサン・ジミニャーノ

出され、市庁舎を除く塔の高さが五二メートルに制限される。公共建築を象徴的に高く聳え立てて威圧したのである。

サン・ジミニャーノを含むトスカーナの都市は、中世の初期から中期あたりまでが塔の時代と呼ばれ、門閥が競い合っていた。そのなかでシエナ、フィレンツェといった都市にはやがて共和制が生まれ、一三～一四世紀にかけて自治都市として発展していく。幸か不幸か、サン・ジミニャーノはそうした発展を示さずにいた。塔がなぜ少なくなっていったかは難しい問題だが、経済の衰退とともに、維持する能力がだんだんと小さくなっていったのだろう。しかし中世の都市として発展した当時の面影は、ほぼそのまま残されているといってよい。

現在、その市庁舎の塔はもちろん誰でもアクセスでき、街の最も高く聳えるところから眼下に広がる街の様子、そしてトスカーナの丘陵地を見下ろすことができる。本当に素晴らしい景観である。建物の屋根瓦、尾根筋の街道からのアプローチ、起伏のなだらかな丘陵地、オリーブ畑と、ベルナッチャという白ワインで知られるブドウ畑、小麦畑、糸杉の樹、そして点々と見える農家。こうして近景から遠景へ広がる風景の全体は、中世とほとんど変わらない美しい姿をとどめている。

街の住民は、中世も今も、塔状住宅（*casa a torre*）に暮らす。トスカーナを中心に中部イタリアで非常に広がっていた中世の建築の類型である。塔を住みやすいように住宅化させていったもので、いくつかのユニットをあわせて一族で住んでいたという。現代では、その住宅をモダンなインテリアに変えて住み続けたり、オフィスにしたりと、近代建築にない存在感、固有性と深い面白さが演出して、上手に使い続けている。もちろん、街のなかのレストランにも、古い建物の一階や地下を修復再生し、魅力的なデザインの空間に蘇らせ、地元の食材を使った美味しい食事を出してくれるところがある。

私がはじめて訪れたのは一九七一年の夏のことで、当時は宿泊するにも宿は一軒しかないような小さくローカルな街だったが、現在は観光客も増え、しゃれた土産物屋も多く、賑わいが増えた。しかしながら、観光地といっても、日本のそれとは異なる情景がここにはある。サン・ジミニャーノだけでなくイタリアの街の多くにもいえることだが、表通りには観光客があふれていても、裏に行けば住民の静かな日常生活の空間が確保されているのだ。おそらく夕方になると広場や、街の周辺の緑地、公園では、住民が活気づくことだろう。つまり、観光客が街の広場やメインストリートを占拠しているように見えるが、じつは街の主役は市民であり、生活の舞台が街に確保されているのである。

それを支えるのが、食材の宝庫と呼ばれるトスカーナの「食」であり、果てはそれを生み出す田園である。先だってこの地を再び訪れた際、改めて感じたのは、イタリアの今のよさとは、自然の恵みを活かすということであり、それがよく実践されている。街の周りに豊かな恵みを提供する農村があり、食卓の料理にそのままつながる。ワインやチーズ、サラミといった地場の食べ物は、その象徴である。中世以来長い間、イタリアでは都市と田園が密接に結びつき、その上に自治の精神が育まれ、広場を中心とする人々の日々の生活が営まれてきたのである。

サン・ジミニャーノはそうしたイタリアの街のなかでも、都市と田園のコントラストが非常に印象に残る街であり、塔と、その遠望という象徴的な風景が、人々の暮らしを今も変わらず映し出している。

45　世界遺産

イタリアは世界遺産の最も多い国。かつてはあまり熱心でなかったのに、今や世界遺産への登録が街にとっても大きな意味をもつようになった。

といっても、観光促進、経済効果を期待してのことではない。自分たちの街の固有の歴史、文化、風景のアイデンティティが世界で認められることが重要なのだ。人々が誇りを

サビオネータでの祭典。ゴンザガ家の宮殿を背景に

もち、元気になる。その効果は大きい。街が魅力的になれば、観光客も自ずと増える。

二〇〇八年、マントヴァとサビオネータの二つの街が、名門ゴンザガ家をパトロンとするルネサンスの文化都市として、セットでユネスコの世界遺産に登録された。市役所のプロジェクトチームと一緒に世界遺産を実現した立役者が、ローマ大学の友人、パオラ・ファリーニ教授。彼女はアッシジ、オルチャ渓谷に続き、今回も世界遺産の請負人となった。

二〇〇九年四月、世界遺産登録の祝賀イベントとシンポジウムに私も招かれた。まず、マントヴァの総督宮殿の大広間で、ユネスコの世界遺産ディレクターから両市長へ厳かな認証書の授与式が。その後、市庁舎広場で、市民注目のもと、世界遺産認定の碑文の除幕式。次に所を隣町のサビオネータに移し、日がとっぷり暮れた広場で、同じく除幕式。二つの街の市長が常に主役だ。

そして、待望のゴンザガの館での華麗なる祝宴。フレスコ画で飾られた劇場のような大広間で、ルネサンス貴族の気分で晩餐会を楽しんだ。満足感に酔った我々を待っていたのは、広場での花火によるスペクタクルだった。

二日目は、マントヴァのバロック劇場での国際シンポジウムの後、晩には、さらに盛大なスペクタクルが街をあげて催された。大きな透明バルーンに美女が一人ずつ入り、路上をくるくる回転させながら進み、人々を広場から広場へ先導する。広場では、周囲の建物の壁面に、世界遺産の建築作品や建築家アルベルティの肖像、彼のスケッチ、図面などが次々に格好よく映し出されるのだ。そこへ花火が景気よく打ち上がり、祭りの気分を盛り立てる。

ルネサンスと現代を見事に融合した祝祭。イタリア人は都市の空間演出の魔術師と言ってもよい。

46　水の都市

ルネサンスの文化都市として世界遺産に登録されたマントヴァは、実は素晴らしい「水の都市」でもある。ミンチョ川が大きく広がった湖に浮かぶユニークな島の街として形成された。今も鉄道で入るには、ヴェネツィア同様、水面の上を橋でアプローチする。

だが、近代の埋め立てで、南側の水面は完全に失われ、マントヴァは陸続きの街となった。近代の水離れは、世界どこも共通だ。

マントヴァは、世界遺産を目指すなか、「水の都市」のイメージの復権をもう一つの目標に掲げた。その助っ人専門家は、ローマ大学のパオラ・ファァリーニ女史。地元の専門家と歴史や風景の研究に取り組み、水の都市づくりの将来構想を練っている。私も二年前、彼女の視察に同行し、「水の都市」マントヴァの魅力を体感できた。

旧市街の南はずれに、美術や建築の世界で有名なパラッツォ・テ（テ館）がある。建築はゴンザガ家に抱えられたジュリオ・ロマーノの設計で、一連の壁画も彼の傑作。周辺が殺風景なのが不思議だったが、本来は周りを水が囲んでいたことを知って、すぐに納得。

ゴンザガ家の宮廷文化の中心、総督宮殿も、湖を背景に絶好の位置にある。近くの船着き場から、ミンチョ川の川下りに出航。水の側から見る総督宮殿の美しい姿は、何とも印象的だ。

ミンチョ川周遊の面白さは自然観察にもある。川の自然は多様で、風景とともに植生、鳥、昆虫、動物の種類も変化する。だが深刻な問題がある。魚は多いのに、上流の工業地帯の水質汚染の後遺症で釣っても食べられないという。水質改善が大きな課題なのだ。

ミンチョ川がポー川に注ぐ手前で、人工的な運河が分岐。幾つもの閘門《こうもん》を経て、そのままヴェネツィアまで船で行ける。今も毎日、何艘もの船が、上流の工業地帯とラグーンを結んで運航しているという。日本ではすっかり失われた舟運が健在なのが嬉しい。船会社の企画も魅力的で、観光のクルーズ、船上の洒落たパーティーも楽しめる。

マントヴァは「水の都市」の復権を、旧市街と湖の関係だけでなく、河川流域の自然保護や舟運による広域の連携も含めて構想し始めているのだ。

47　それはボローニャからはじまった

ボローニャは、観光上の有名スポットこそあまりないが、歴史と現代が絶妙に対話したエレガントで活気に溢れた都市で、イタリア人の間では住んでみたい所として評価がすこぶる高い。

このボローニャは、一九七〇年代の前半、歴史地区（チェントロ・ストリコ）の保存再生を都市づくりの根幹にすえ、革新的な政策を展開し、ヨーロッパにおける自治体のスーパースター的存在として輝きを誇った。そこで行われたボローニャでの保存再生事業は、従来の文化財としての町並み保存を大きく超えていた。本来、生活空間として優れ、コミュニティを育んできた歴史地区を再生しながら、古い都市を資本の側から住民の手に取り戻すことを大きな目的としていた。保存は従って革命である、とまで当時のボローニャ市は言い切って、市民の側に立った都市政策を推進したのだ。

平野に位置し、交通の要衝でもあるボローニャは、近代化を押し進めた。幾筋もあった運河は埋められ、田園を潰し郊外への都市の拡大もどんどん進行した。人口一〇〇万都市をめざすことも充分可能であった。特に戦後イタリアの高度成長期である一九五〇、六〇年代、ニュータウン、郊外住宅地の建設が活発に行われ、多くの人々が古い街を捨てた。歴史地区の中心部は第三次産業化し、生活感を失いつつあった。一方、その周辺の庶民地区には経済力のない人々が残り、老朽化し、スラムに近い様相を見せていた。

ボローニャ市はこうした状況に危機感を覚え、都市発展のベクトルを大きく修正すべく、人々を歴史地区に再び呼び戻す政策をとった。都市と地域を混乱に陥れる量的拡大をやめ、歴史地区を中心に適性規模に収まった、個性的で質の高い生活環境を実現する道をボローニャは選んだのだ。真の都市再生であった。イギリスに始まり、日本でも注目されている「コンパクト・シティ」の発想を先取りしていたのがボローニャだったともいえよう。

具体的には、それまで農地を収容し郊外住宅地の建設に向けられていたローコスト庶民住宅のための公的資金を、法律を読み替えて、歴史地区の保存再生にあてるという方策をとった。文化財行政の財源ではなく、公営住宅供給の財源が用いられ、大規模に街区単位で古い住宅群の修復再生が進んだのである。そこが、文化庁、教育委員会の管轄のもとで進められる日本の町並み保存と大きく異なる。

サン・レオナルド地区、ソルフェリーノ地区など五つの庶民地区が選ばれ、それぞれ幾つもの街区に及ぶ広い区画を一緒に修復再生するという大掛かりな事業が行われた。七〇年代初めのヨーロッパには、ファサード（建物の正面）保存という考え方も広く見られた。街路に面するファサードは公共の財産なので保存するが、私的空間としての内部は快適で機能的な近代建築に置き換えるという発想である。ボローニャはその考えを覆した。建物の内部に見られる空間構成にこそ、歴史の中での人々の暮らしと結びついた論理があり、社会的にも文化的にも価値がある。しかも、間口の狭い敷地に一階前面にポルティコ（柱廊）を設け、奥へ伸びる庶民住宅の空間構成はなかなかよく出来ており、修復再生すれば、現代のタウンハウスとして快適に住むことが充分可能である。似たような構成をとりながら少しずつ異なる表情をもち、変化にも富んだこうした集合体や町並みは、画一的に建設される郊外のニュータウンよりはるかに価値がある。

こうした判断から、ボローニャでは、街区を埋める伝統的な住宅群がいかに形成され、どのような構成をとっているのかを、古い不動産関連の史料などを活用しながら、徹底的に分析した。イタリアで生まれた「都市を読む」ための建築類型学（ティポロジア）の手法が、古い住宅群の修復再生に初めて応用されたのである。

環境を損ねている近代の余分な増築部分を撤去しながら、様々な家族構成のタイプに合

スラム化していた1970年代初めの庶民地区。ボローニャ

わせて幾つかの規模の住戸を想定しつつ、全体を住みやすい器として修復再生した。仮設的建物で占められ、あるいは放置され荒廃していた裏の空地を整備して、すぐれた環境を取り戻すとともに、街区全体の中央集中式暖房の配管のために有効利用した。

コミュニティの再生にとって、様々な住民が住むことが望ましい。一人住まいの高齢者、学生、若夫婦、一般の家族など、様々な住民を想定し、多様な住戸構成が実現したのである。それぞれの住戸タイプごとに、空間モデル図も魅力的に描かれた。元の住民ができるだけ近い住戸に再入居できるよう、配慮された。修復工事中、ある期間移動するにも、近くに仮住居を提供した。このようにコミュニティ、社会組織を守ることを目標として高く掲げた点も、ボローニャが取り組んだ保存再生事業の大きな特徴といえる。

一般に日本では、町並み保存というと、立派な町家などが並ぶゾーンから着手される。だが、革新自治体としてヨーロッパに名を馳せたボローニャは、それとは逆に、最も庶民的で荒廃しかかった地区を選び、住いの器として修復する戦略をとり、大きな成功を収めた。都市の再生効果は著しかった。

民間の事業者もまた、こうした歴史的建造物の修復・再生を手掛け、よりお金をかけた個性的でエレガントな住宅が供給されるようになった。八〇年代に入る頃、経済の復興でボローニャ市民はより豊かになったから、ローコスト庶民住宅の供給を目的とした公共事業としての修復再生事業も役割を終えたといえる。その助けを得なくとも、歴史地区における修復再生の活動は活発に行われ、古い都市の魅力はどんどん増している。

ボローニャにおける保存再生のダイナミックな実験の成功は、他の都市における歴史地区の修復再生にも大きな弾みを与えた。もはや郊外にではなく、チェントロ・ストリコに住むことの方が恰好がよいという価値の逆転が起こってきた。歴史的建物を現代のセンスで修復再生する方が、近代建築に置き換えるよりずっと個性的で豊かな空間をもてることを、誰もが理解するようになった。八〇年代以後、有能な建築家たちが修復再生の分野でどんどん活躍するようになり、そのデザイン手法も、ますます進化、洗練されてきている。様々な時代に改造された建物に潜むレイヤーを浮き彫りにするような修復方法も、今のイタリアに特徴的なものだ。

しかも、どの都市でも、歴史地区の広い範囲で歩行者空間化が進み、公共事業として街路の舗装や公共証明にも力が注がれ、昼も夜も快適に街歩きが楽しめる。歩行者化で車による犯罪が減り、安全性が高まったことも大きい。こうして都心が魅力を再び獲得し、都市に求心力が蘇ってきたのだ。

このような歴史的都市の保存再生は、イタリアの中でも豊かな中部、北部から始まった。しかし、後進的で都市の荒廃ばかりが目立った南イタリアにも、近年、都市再生の活発な動きが起こっているのが注目される。奇跡の都市再生を遂げつつあるナポリに続き、シチリアのパレルモ、シラクーザなどの歴史地区が魅力を取り戻しつつある。長靴の踵にあたるプーリア地方、バーリの海に突き出た半島状の歴史地区は、ちょっと前まで泥棒が多く危なくて近づけない場所であった。ところが近年、急速に再生が進み、イメージが大きく変わってきた。歴史の蓄積が豊かで、重厚な石造文化を誇る南イタリアだけに、ひとたび都市再生が軌道に乗れば、魅力ある空間が蘇る効果はさらに大きくなる。

ボローニャから始まった都市再生の動きは、このようにイタリア各地の都市に潜む底力を引き出し、魅力的な生活の場を次々に実現して見せてくれている。

Ⅲ　北イタリアのスローシティ

48 リヴィエラ海岸

海に囲われた長靴状のイタリアでも、その北西の付け根に位置するリグーリア州は、地中海世界の開放的な文化風土を最も感じさせる土地の一つだ。地中海の中北部にあたるリグーリア海の沿岸をリヴィエラ海岸という。険しい山並みを背後に控え、海に沿って帯状に延びるこの地域には、中世のイタリア四大海洋都市の一つとして名高いジェノヴァから、東南東八〇キロの地点にある軍港都市ラ・スペーツィアにかけて、世界の人々を魅力する美しい街や村が点在する。

内陸部の平野にあるエレガントな街、パルマあたりから、車で西へ進み、山越えをすると、風景は一転して地中海気分。太陽のもと、山や丘の斜面には、葡萄とオリーブの樹木が広がり、やがて明るい海が見えてくる。食事も、バターとパルメザンチーズ、生ハムやサラミ等、牧畜中心のこってりした内陸部とは打って変わって、オリーブオイルをふんだんに使い、海産物に恵まれた、健康的な地中海風の料理を楽しめる。

海の文明を象徴する都市ジェノヴァは、入り江を活かした良港をもち、中世には、ヴェネツィアとともに地中海に君臨した。背後を高い丘陵に囲まれた限られた土地に、交易でもたらされた富を活かし、高密度な堂々たる都市をつくり上げた。旧港の周辺は、海洋都市の栄光を語る歴史的な建造物を積極的に残しながら、建築家レンゾ・ピアノの計画のもと市民・観光客でにぎわうトレンディなスポットに再生された。地中海を代表する港町として、ジェノヴァは再び輝きを放っている。

リヴィエラ海岸といえば、世界遺産に登録されているチンクエ・テッレ、ポルトヴェーネレの美しい風景がまず頭に浮かぶ。チンクエ・テッレは、イタリア語で「五つの土地」を意味し、切り立った断崖の急斜面につくられた五つの小さな村をさす。どれも地形を最大限活かし、迷宮状に入り組む坂に面した狭い土地に、三～四階建てのパステルカラーのスタッコ（漆喰）で彩られた建物が並ぶ。急な斜面は葡萄畑にし、ワインをつくっている。太陽と海の恵みを受けながら、漁業と農業で質素に暮らしてきたこれらの村が、住民の暮らしと結びついた個性ある風景が注目され、静かなブームを呼ぶ観光地となっている。

中世にジェノヴァの要塞都市として発展したポルトヴェーネレは、「ヴィーナスの港」という意味で、古代にヴィーナスに捧げられた神殿が岬の突端につくられていたことに由来する。その名前のイメージどおり、実に美しい街だ。近代が近づき平和な時代が訪れ、武装解除したことで、逆に海に接した地の利を活かし、開放的でピクチャレスクな都市風景で人々を魅了するようになったのだ。

リヴィエラ海岸の最大の華は、憧れの高級リゾート地として名高いポルトフィーノである。二つの岬に挟まれた入り江の奥に、良港を活かした街が古くから発達した。一九世紀後半から富裕な人々が眼をつけ、別荘を建設し始め、第二次大戦後、富豪や有名人たちが、静かな保養地をもとめてここに集った。自然の美しさと漁師町の落ち着いた雰囲気を満喫できるところに、ポルトフィーノの魅力がある。新しい時代に相応しい地中海型リゾートが、まさにここから広がっている。

49 ジェノヴァの光と影

ジェノヴァと言えば、かのコロンブスを生んだ街。アマルフィ、ヴェネツィア、ピサと並ぶイタリアの誇る中世海洋都市で、今も地中海を代表する港町だ。

ジェノヴァも二〇〇六年、世界遺産の仲間入りを果たした。しかも、その対象に選ばれたのが、港とともに発達した中世海洋都市の迷宮的な旧市街ではなく、次のルネサンス時代に高台の新天地に計画された優美な理想都市の空間というのが、面白い。

ジェノヴァは一六世紀以後、地中海交易から撤退しつつも、衰退どころか、スペインを中心にカトリック諸国と銀行業で深く結びつき、したたかに富を蓄積した。実際、街の北

ストラーダ・ヌオーヴァ（上）と演劇的演出をもつ邸宅の階段室（17世紀前半)。ジェノヴァ

の高台には、ルネサンスからバロックにかけて、真っすぐ街路の両側に美しい邸宅が連なる都市空間が実現したのだ。その代表、ストラーダ・ヌオーヴァ（現ガリバルディ通り）を歩くと、両側に並ぶどの邸宅も中庭と背後の庭園をもち、演劇空間のように人々を招き入れる。

ジェノヴァ共和国は、外国から訪れるＶＩＰ用の迎賓館として、こうした街路沿いの邸宅を厳選し、「ロッリ」と呼ばれるリストに登録。このリストに載った邸宅群が世界遺産に登録されたのだ。

ところが、その華麗な空間のすぐ下に、まったく別の闇の世界が広がる。ルネサンスの表通りから、急勾配の狭い坂道を降りると、中世の高密な旧市街にさしかかる。驚くことに、そこに大勢の娼婦達が集まるいかがわしい界隈があるのだ。アムステルダムの飾り窓ほど華やかではないが、同じように、一階の窓の内側の部屋にいる女性が通りすがりの客を引く。

ジェノヴァのこの娼婦街にも近年の世界事情を反映し、北アフリアや東欧からの移民女性が増えている。地元の著名な歴史家、ポレッジ氏は、「この界隈の娼婦の存在は今に始まったことではなく、ずっと古い時代に遡る」と語る。

港周辺のウオーターフロント開発に成功し、「欧州文化首都」にも選ばれ、活気ある奇麗な街に変身を遂げたジェノヴァだが、現代に生きる港湾都市だけに、「光」の空間の裏に潜む「影」の空間の存在を消し去ることはできない。

50　蘇るジェノヴァ

ヴェネツィアと並び、中世の海洋都市として東方の海に君臨したジェノヴァも、現代のイタリアにおける「水の都市」再生の主役を演じている。背後に丘が控える入り江に、良港が築かれた。その古い港の周辺では、一九九二年にコロンブスのアメリカ大陸発見五〇〇周年を記念し、「クリストファー・コロンブス、船と海」をテーマに国際博覧会が開催されたのをきっかけに、大掛かりなウォーターフロントの再開発が進んで、現代的な建築群の登場で水辺の風景が変化しつつある。とはいえ、そのすぐ内側には、古い港町の姿が受け継がれ、弧を描いて海に開く港の全体に、中世以来の古い建築群がよく残っている。全長八〇〇メートルも続く一階の壮大なポルティコ（アーケード）の中では、今も様々な商売が繰り広げられ、雑然としたエネルギーに満ちた、いかにも港らしい雰囲気がある。

レンゾ・ピアノのマスタープランが大きな役割を果たし、その後、何度か国際コンペを

蘇るジェノヴァの旧港。背後に歴史的空間が保存されている

行って、再生プロジェクトを次々に実現してきた。倉庫や他の港湾施設など、歴史的な建造物を大いに活かす一方、未来的なデザインのレンゾ・ピアノ設計の水族館をはじめ、現代の建築も積極的に入れて、港のイメージを刷新している。無数のプレジャーボートが係留される埠頭に登場した低層の明るい建物には、一階にレストランや店舗、上階には住宅が入り、生活感のある気持ちのよい水辺を実現している。

北の方には、漁船の船溜まりが維持され、漁師達が網を繕う姿が見られる。その水面の向こうの埠頭に長細く伸びる倉庫は、集合住宅にコンバージョンされた。その隣に新築された大きな建物は、ジェノヴァ大学の経済学部のキャンパス施設である。こうして、ベイエリアには文化的で創造的な要素を含め、様々な機能を混合させようという意図がよくわかる。九〇年代以後のヨーロッパ都市の港湾ゾーンにおける意欲的な再生事業の在り方を示す典型例の一つといえよう。

51　ポルト・ヴェーネレ

ジェノヴァと関係の深い珠玉のような世界遺産がある。その名はポルト・ヴェーネレ。

「ヴィーナスの港」という美しい響きの街だ。岬の先端、海を望む位置に、ローマ時代、ヴィーナスの神殿がつくられたことに由来する。海と共に生きてきた船乗りと漁師の街だ。

二〇〇五年、ＮＨＫの「世界遺産　イタリア縦断一二〇〇キロ」の生中継で、アコーディオニストのｃｏｂａさんと住吉美紀アナとこの地を訪ねた。チンクエテッレと呼ばれる五つの村々と共に、自然と人間の暮らしが一体となった美しい海岸風景を生んでいることから、一九九七年、世界遺産に登録された。

ポルト・ヴェーネレは広くて安全な港のおかげで、ローマ時代にはすでに、ガリア、スペインと結ぶ航海の寄港地として重要だった。海とともに生きる漁師や船乗りが多く、しかも美しい風景を誇るこの地に、海とも深く結ばれた女神で美の象徴のヴィーナスの信仰が生まれるのは当然だった。ギリシャ神話では、アフロディーテ（ヴィーナスにあたる）は海の泡から誕生したとされる。岬の突端に聳える神殿は、漁師や船乗りの海での仕事や航海の安全を守り、繁栄をもたらす役割をもつと同時に、海上を行く船乗りにとっては格好の目印であった。

ピサと海洋都市の覇権を争うジェノヴァが、一二世紀にここを征服し、要塞都市化した。こうしてジェノヴァの支配下に入ったポルト・ヴェーネレは、重要な軍事と交易の港町として栄光と繁栄の時代を経験した。かつて神殿があった所には、ジェノヴァ人の手でゴシック様式のサン・ピエトロ教会が建造された。白と黒の二色の石を帯状に組み合わせた独特の外観は、イスラム世界からの影響を思わせる。

古代の居住地の東に広がる海に面した斜面地に、一二世紀中頃、城壁で囲まれた中世の都市がつくられた。その堅固な城壁は、海沿いでは、波打ち際の岩場から直接立ち上る、城塞化した堅固な塔状の家（カーサ・トッレ）が壁を共有してぎっしり並び、それ自体が城壁の代わりを果たした。ジェノヴァ人がつくり上げた、このポルト・ヴェーネレの顔ともいうべき海沿いに続く住居群は、どれも間口が狭く、奥へ長く伸びる堅固なつくりで、海に面しては本来、防御を考え、小さな開口部しか持たなかった。

一方、町の内側の高い背骨の位置に、一二世紀の雰囲気をよく残すメインストリートがまっすぐ伸びる。塔状の住居群は、こちら側に中世の持ち送りによって、二階より上の壁をわずかに街路に張り出している。まさに要塞化したカーサ・トッレなのだ。

だが平和な近代になって武装解除。要塞都市の特徴を丸ごと残しながら、海沿いの快適な美しい都市に転換したのだ。かつては、内部の目抜き通り側の部屋が重要だったが、近代には、海側にむしろ大きな開口部を設け、バルコニーも付けて、そちらに気持ちのよい居間兼応接間をとるようになった。本来は要塞都市の殻に閉じていた住居が、海の眺望を独占する素晴らしい現代生活の舞台にイメージチェンジしたのだ。

世界都市としても知られるポルト・ヴェーネレだけに今や観光都市に違いない、と思いつつ夕方、街に到着してびっくり。海辺につくられたプロムナードに繰り出し、のんびり楽しんでいるのは、もっぱら市民達だ。ビーチで遊ぶ若者、子供達が歓声を上げている。小さな港はプレジャーボートで一杯だ。夏の長期滞在者も多そうだが、基本的には生活都市の魅力が溢れているではないか。

城門近くの観光案内所を仕切るジュリアーナ・カルヴェッリーニさんが案内役。素敵な自宅も見せてくれた。まさに、海に面する中世の塔状住宅だ。窓の外に目を向けながら、「海を望む個性的で美しいこの街が自分を育ててくれた」と嬉しそうに彼女は語る。

古い街の中に、現代のセンスで登場したお洒落な店が多いのが、さすがイタリアだ。地産地消を地で行き、地元、リグーリア地方のものだけを扱うオリーブオイル店に入ると、経営しているのは、可愛い二〇代の女性。「若い私達の世代が古い街に息吹を吹き込むことが重要だ」と、さりげなく言う。

武装解除したかつての要塞都市には、海辺に広くて気持ちのよい岸辺の道がつくられ、桟橋も突き出し、港の周辺全体に華やかな活気が溢れている。とくに夏のヴァカンス・シーズンは、各地から無数のプレジャーボートが集まり、開放的な気分に満ちる。

とはいえ、この居心地のよい水辺を満喫している主役は市民なのだ。かつては舟を引き上げ、その修理にも使われた浜辺は、今は市民の集まる公園として人気がある。

歴史都市のアイデンティティを維持しつつ、現代の市民生活の魅力的な舞台となっているこの小さな世界遺産は、日本の街づくりにとっても示唆的だ。

52　さり気ない街・トレヴィーゾの魅力

「さり気なく美しい街」というのは何とも魅力的だ。ヴェネツィアから北へ三〇キロの位置にあるトレヴィーゾは、それにぴたりと当てはまる。

有名な建物は何もない。観光地でもない。だが、ヒューマン・スケールの小都市に、歴史がたっぷり感じられ、その中にお洒落な現代の営みがある。

清らかな水が流れる運河、水路が編み目のように街中を巡り、市民の暮らしに潤いを与える。床下を水が流れる建物には驚かされる。かつて産業を育んだ水車が記憶として保存されているのも嬉しい。魚市場も水路に囲われた島にある。シーレ川を通じてヴェネツィアへ今も船で行くことが可能だ。

不要となった城壁の上の空間が現代的に活用され、見事な並木が続く心地よいプロム

市民の屋外サロンとしてのシニョーリ広場。トレヴィーゾ

ナードとなっている。緑一杯のさり気ない庭園都市でもある。

中央のシニョーリ広場がよい。ここも有名建築があるわけではないが、市庁舎など中世の公共建築群が風格を与え、周りを囲む建物のポルティコ（柱廊）にはバール、オステリア（居酒屋）、レストランが入り、広場にオープンテラスを出して華やぎを生む。イタリアにはシエナのカンポ広場、ヴェネツィアのサン・マルコ広場など、素晴らしい広場が多いが、空間デザインと今の使われ方を総合すれば、このトレヴィーゾの広場は一押しの傑作。観光客が少ない分、主役はまさに市民なのだ。

シニョーリ広場を一日観察すると、市民の屋外サロンとしての役割を実感できる。昼間は、リタイアした紳士達と乳母車を押す若い母親達がのんびり過ごす場。そして夕方には若い人達を中心に、大勢の市民で埋め尽くされる。彼らは毎日、七時頃ここへ来れば必ず友達と会えるのだ。買い物をするでもなく、レストランで食事をするでもなく、お金を使わず、ひたすらおしゃべりを楽しむ。それも家族との食事が始まる八時までというのがイタリアらしい。

中世自治都市の伝統を受け継ぐこの広場は、今も昔も変わらぬ誰にも開かれた交流の場としての公共空間だ。市民の間に我が街への愛着と誇りが育まれる秘密もここにあるに違いない。

53　聖なる山

日本では、山に聖なる意味を感じとり、信仰の対象となることが多い。都市の中でも、山の上や中腹に神社が祀られるし、古墳の頂にもよく社がある。

古代の地中海世界にも、ギリシャをはじめ、山に霊的なものを感じる文化があった。キリスト教の普及で中世以後薄れたが、古い文明を受け継ぐイタリアには、聖なる山が所々にある。

パレルモの湾を望む位置にある神聖なペレグリーノ山はその代表だ。一七八七年四月にナポリから船でこの地に着いたゲーテも、市街の背後に聳える聖山の優雅な姿に惚れ込んだ。洞窟を中心につくられた聖女、聖ロザリア教会は今も根強い信仰を集める。

中部イタリアのウンブリア州に、スポレートという魅力的な中世都市がある。丘上の起伏の多い旧市街は有名だが、深い谷を挟んだ向こう側に実は、かつて聖なる意味をもった山、モンテルーコが聳える。中世には教会が幾つもつくられ、信仰心を集める場所だったが、合理性を追求するルネサンス以後、徐々に忘れられた。埋もれた歴史の記憶に光を当て、聖なる山の文化を復権しようと、スポレート市長が発案し、二〇〇四年にシンポジウムが行われた。私も招かれ、江戸東京における富士山信仰の話をした。その後の展開は聞

オルタ湖の裏手にあるサクロモンテ

いていないが、二一世紀、環境の時代に相応しい意欲的な試みだ。

北イタリアには、サクロモンテという聖なる山が九カ所あり、世界遺産に登録されている。エルサレムに代わる巡礼地として始まった。オルタ湖畔の街の裏手にもその一つがある。とはいえ、日本の鬱蒼とした霊山とは雰囲気が違い、所々湖を望める高原の小鳥のさえずる心地よい森を散策する感じ。ここにイタリアらしい聖なるトポスが生まれた。美しい小振りの礼拝堂が二〇も点在し、内部空間に、民衆に人気のあった聖フランチェスコをキリストと重ね合わせ、その生涯の物語を等身大の彫刻で演劇的に表現している。それをたどり、楽しみながらキリスト教の素晴らしさを体感できる仕掛けだ。

当時、アルプスの北で新教（プロテスタント）が生まれ、カトリック側にも革新が求められていた。地理的に重要なイタリア北部のこの地域に、対プロテスタントの意味をこめて、劇場としての聖なる山がつくられたのだ。日本とはいささか異なる聖なる山の佇まいは、興味が尽きない。

54 ミラノ・ナヴィリオ

近年、日本でも水辺を生かした街づくりが各地で見られるが、それをさらに魅力的に展開させるためのヒントが、実はミラノにある。

ファッションとデザインで知られるミラノだが、このお洒落な街で、市民に一番人気のスポットは、ナヴィリオと呼ばれる運河地区だ。旧市街の南の城門、ティチネーゼ門の外側に広がる。

ミラノはかつて「水の都市」の性格をもち、大聖堂建設のための石材も船で運ばれた。レオナルド・ダ・ヴィンチがこの街の運河網を強化・発展させ、水の理想都市を創る構想を描いた。

ヨーロッパでは内陸の舟運が活発だ。運河の所々に閘門《こうもん》（ロックゲート）を設け、水位の差を調整しなら船が航行する。この仕組みを最初に発達させたのが実はイタリア。レオナルドもそれに貢献し、彼の提案に基づく閘門が水の都市の記憶としてミラノに残されている。

近代に掘割や運河を埋めたのは日本ばかりではない。ミラノも大半の運河を失った。だが、幸い残ったナヴィリオ地区の二本の運河と船溜《ふなだま》りの大きな水面（ダルセナ）が注目さ

再生されたナヴィリオ（ミラノ）の水辺空間（上）と深夜まで賑わう水辺のレストラン街

れ、一九八〇年代から、その再生への動きが活発になった。熱心な市民運動、建築学部の再生プロジェクト、行政の意欲的な取り組みがうまく連携し、近代化に取り残され半分打ち捨てられていた地区が、見違えるような魅力的空間に蘇った。

かつてミラノの舟運基地だった場所だけに、港湾労働者用の質素な中庭型集合住宅が並ぶ。それがむしろ現代の感覚にぴったりで、画廊、アトリエ、レストランやカフェに転用され、洒落た住居も多く生まれた。骨董市、高齢者用のダンスパーティー、水辺のイベント、そして運河沿いに並ぶ屋外のレストラン。規制の強い日本とは違うおおらかで楽しい水辺が実現している。

スイスまで入り込むマッジョーレ湖とミラノを結ぶ運河の再生への動きも始まっている。ポー川を経由してヴェネツィアへ至る舟運ルート復活を目指すことも夢ではない。二〇一五年のミラノ・エクスポの開催が決まった。テーマはイタリアらしい「食と健康」だが、同時に、ダルセナを中核とする運河ネットワークの再生プロジェクトの実現が大きな目玉となっていると聞く。

55　元祖「水の都」ヴェネツィア

世界中の水の都市の再生を考える時、何と言っても、正真正銘の「水の都」、ヴェネツィアを原点とすることには、今なお説得力がある。しかも、ヴェネツィアは私が学生時代に留学した場所であり、愛着のある街だ。

近代はどの国、どの地域でも、水から陸へと発想も生活システムも、大きく転換した。ある大きさを持った都市で、鉄道や車に依存しない市民生活は、まず考えられまい。その中にあって、ヴェネツィアだけは、車の入らない元々の構造をしっかり守り抜き、動力付きの船を巧みに利用することで、むしろ近代に水の都市の機能をずっとアップさせ、ラグーナに浮かぶ水上都市として、その社会、経済を見事に成立させてきたのだ。

ヴェネツィアには、近代都市が失った、今まさに人々が求める大切な要素がたくさん見つかる。水と共に呼吸する感性豊かなエコシティ。広場も街路もすべての空間が人間に開放されたヒューマン・スケールの演劇都市。ウォーターフロント再生の課題を認識した世界の人々が、どれほどこの街に視察に来たことか。ヨーロッパ都市での旧市街を再生する切り札となった歩行者空間化を実現するのに、ヴェネツィアがいかに大きな刺激を与えたことか。ホテルに転用された運河沿いの建物の前面に水上テラスを張り出し、またモーターボートのタクシーを見事に操るこの偉大な「水の都」は、水と人と街の近しい関係を取り戻そうと考える世界の人々に、大きな勇気を与え続けている。

地盤沈下が引き起こした冠水の問題、水上ならではの物価高に起因する夜間人口の減少など、問題は多いとはいえ、今なお「水の都市」再生の象徴的な存在として、ヴェネツィアは世界にメッセージを発し続けている。

56 劇場都市・ヴェネツィア

アドリア海の奥深くに位置するラグーナの水上に誕生し、水と共に生き続け、その独特の輝きで世界の人々を魅了するヴェネツィア。便利さや効率を求める近代文明とは対極にあるこの「水の都」は、我々の心と身体を解き放ち、豊かな感性を取り戻させてくれる。

ローマ帝国崩壊後の激動の中世初期、異民族の侵入から逃れるため、安全な水上の浮き島に移住した人々が、都市の建設を開始。こうして誕生したヴェネツィアは、海に開く地の利を活かし、やがて東方貿易で活躍。海洋都市としての繁栄を実現した。

富を獲得しながら、水上にじっくり形成されたヴェネツィアは、一二〇もの島が寄木細

〈210頁上〉東の庶民的なカステッロ地区。運河の上に洗濯物が翻る
〈210頁下〉ヴォガ・ロンガ、手漕ぎの舟による水上レース。完走することに意義がある（樋渡彩撮影）　〈211頁上〉リアルト市場の歴史的空間に登場したワインバー　〈211頁下〉中世以来の商店街「天国の小道」のレストラン

AL MARCA'
CASA DEL PA

aria da franz

trattoria
bruno

工のように集り、その間を一七〇以上の運河が巡るという不思議な街だ。古い運河ほど曲がりくねっている。このヒューマン・スケールの水上の迷宮都市に、オリエントの香りをもつ独自の芸術、建築文化が開花した。続くルネサンス、バロック時代の華麗な文化を加えたヴェネツィアは、劇場都市へのさらなる変身を遂げたのである。

浅い内海（ラグーナ）に浮かぶ島々の上に、水の流れと土地の微妙な高低差を読みながら、長い時間をかけてつくられたヴェネツィアの都市空間は、実に変化に富む。

運河と道が織りなす複雑な空間を歩き、最も心を打たれるのは、「光」と「影」のコントラストだ。水の都の迷宮を支配する、近代都市が忘れ去った空間のドラマがここにある。何かが待ち受けているという期待感と、何が起こるかわからないという不安感を持って、人々は水上都市の迷宮を彷徨う。

トーマス・マンの名作を映画化したヴィスコンティの「ベニスに死す」は、まさに、人間の内面性と深く結びついたヴェネツィアの迷宮を見事に描いた。

水の側を象徴する光の空間は、中心部を逆S字型にゆったり流れる大運河（カナル・グランデ）だ。光輝くこの幹線水路には、貴族の館が連なり、華麗な都市風景を生んでいる。カナルと呼ばれる大運河に対し、普通の小さい運河はリオという。編み目のように巡るリオの毛細血管が、実は水の都を支える。古い運河だと、建物が水から直接立ち上がる。

少し新しいと、運河沿いにフォンダメンタ（岸の道）がつく。途中にしばしば、ソットポルテゴ（トンネル）がとられ、列柱が水に開いて光と影を演出する。

歩行を前提に、小スケールの組み合わせでつくられただけに、ヴェネツィアの都市空間にはカテゴリー毎に、名前がついているのが面白い。陸側の主役はカンポと呼ばれる広場だ。それぞれの島＝地区の教会の前に必ずあり、市民生活の中心的機能を果たしてきた。

そこから分岐する狭い道がカッレで、庶民の暮しの場を生む。水路に比べ、道路のネットワーク形成は遅れたから、どれも折れ曲がり、見通しがきかず、複雑な空間を見せる。狭くて鬱陶しいカッレから、光り溢れるカンポに踊り出る時の眩しさは、実に印象的だ。

57　祝祭の舞台

水上の祝祭都市と呼ばれるヴェネツィア。この都市には、機能性と経済性をとことん追求し均質空間化した近代都市にはない、人々の心を高揚させる不思議な魔力が備わっている。近代が否定してきたものがすべて、ここにある。

ヴェネツィアは、まさに近代都市が失った祝祭的な性格を、もともと濃厚に示してきた。

水の上の都市だけに、自然とともに呼吸し、季節と時間によってその表情を豊かに変化させ、人間の五感を発達させた。論理よりも身体、感覚の都市なのだ。ゴルドーニの喜劇に代表されるような演劇が発達したのも当然である。また、色彩、光と影は絵画や音楽をふくめ、この都市の文化の特徴をよく表わす。

この水上の都市には、ヒューマン・スケールの空間が成立した。権力者のもとで、その力を誇示するような統一感のある空間を築き上げた都市とは対極にある。どこも変化にとみ、人間の歩く感覚にフィットして組み立てられている。馬の通行さえ、中世のある時期に禁止され、もっぱら人間のためにできた都市なのだ。そこに、光と影の演出が加わる。運河に架かる橋の上は、カッレより空間が広くとられ、光りが溢れるから、気持ちのよい舞台となる。その上で立ち話に興ずる人々の姿がよく見られるのだ。運河沿いのアーケードも、狭い道（カッレ）を突き抜けると、その先に光り輝く広場（カンポ）が待ち構える。運河光と影の舞台。こうした水辺の歩道を歩き、橋を越えて進むと、まさに自分が演劇や映画の主役になった気分。近代都市では、そんな体験は期待できない。

この水上都市には、本当に演劇、パフォーマンス、宗教的な祭礼の舞台となった空間がたくさんある。広場も水上も、そして橋の上も、演劇的な活動の場となった。

サン・マルコ広場は、ナポレオンが一八世紀末にここを征服した時、「世界の大広間」

（上）今に続く伝統行事「海との結婚」（樋渡彩撮影）
（下）カンポ・サンタ・マルゲリータ。広場が現在もコミュニティの中心として生きる

と絶賛したように、世界の人々を魅了してきた美しい広場だ。国家の儀式、宗教的な祭礼、国賓歓待の様々なスペクタクル、そしてカーニバルの饗宴。今もなお、この広場は稼働率高く、いつもイベントの舞台として活躍している。その回廊の中に一七世紀から設けられ始めたカフェは、近代には戸外にオープンテラスを張り出し、スイートな音楽とともにこの空間に華やぎを加えている。

この広場が海に開くピアツェッタ（小広場）は、海から見て時計塔を焦点とする、遠近法にのっとるルネサンスの理想都市の広場として、また演劇空間として見事に再構成されたのだ。そこがまた、祝祭都市のメインステージとして人気を集めた。ここで催されるイベントの光景を活写した絵が何枚も残されている。世界を代表するエンターテイメント空間だった。

その演劇的な舞台は、広場から溢れ出て、ラグーナの水上まで広がった。サン・マルコの岸辺から総督が乗り込んだ金のお召し船（ブチントーロ）は水上をパレードし、リドの脇からアドリア海に出て、そこで「海との結婚」という華麗な儀式を行う。「我は汝と結ばれる」、と総督が海に誓うのである。今もヴェネツィア市長がこの儀礼を継承しているから凄い。

一六世紀には仮設の劇場が出来始めるが、やがて一七世紀、常設の劇場が登場し、オペラがヴェネツィアで発達した。一八世紀の文化が爛熟した時代、数多くの劇場とともに、この街には、リドットと呼ばれる社交場が各地に登場。仮面に身を隠した男女が享楽にふける光景が絵に描かれている。サン・マルコ広場でのカーニバルもこの時代、最高潮を迎えた。

時代が移り変わっても、ビエンナーレ、映画祭、オペラ、数々の展覧会、国際会議など、この都市の祝祭性は衰えるどころか、ますます活発化し、世界の人々を魅了し続けているのだ。

58 ヴェネツィアの小建築

「水の都」ヴェネツィアは、どこを描いても絵になる。確かに、広場に聳える立派な教会や運河沿いの華麗な貴族の邸宅は目を奪う。カナレットをはじめヴェネツィア派の画家達は、この街の風景の魅力を遺憾なく絵筆で表現した。

だが、ヴェネツィアの最大の特徴は、無名の小さな建築の美しさにあることを強調したい。その魅力に初めて光を当てたのはエグレ・レナータ・トリンカナート（Egle Renata

製図台に向う若き日のエグレ・レナータ・トリンカナート（Egle Renata Trincanato）（Emiliano Balistreri 氏提供）

Trincanato）女史。一九四八年という早い時期に出版された『ヴェネツィアの小建築（*Venezia minore*）』は、私にとってまさに大切なバイブル。初めて出会った時、これこそ自分の求める世界だと興奮したのを思い出す。ヴェネツィア建築大学に留学中、彼女に師事できたのは実に幸運だった。

トリンカナート女史は、誰も考えなかったマイナーな存在としての小建築に注目。ヴェネツィアの東と西の二つの庶民地区から一〇〇ほどの事例を選び、その構成上の特徴と魅力を、各階の平面、外観正面など、フリーハンドの味のあるスケッチを描きながら見事に解き明かしたのだ。

そもそも水上に誕生したヴェネツィアは、運河と道が複雑に入り組む迷宮的な構造をもつ。所々カンポと呼ばれる広場がある。高密に建て込んだ島の中に、どの建物も、まわりの環境と巧みに対話しながら工夫してつくられた。

この街では、さり気ない建物が美しい連続アーチ窓で街角を飾る。台所の竈《かまど》から立ち上がる煙突が外観に現れ、そのままデザイン要素になる。小さい住宅であっても、内部にも

エグレ・レナータ・トリンカナート（Egle Renata Trincanato）の若き日の風景画（水彩）。
1940年頃のヴェネツィア（Emiliano Balistreri氏提供）

『ヴェネツィアの小建築（Venezia minore）』の中の一軒。「天国の小道」の入口にある

外観にも、ヴェネツィアらしさが共通に現れる。そんな街だから、タウンウォッチングにはもってこいの場所となる。どこを歩いても楽しく、常に新発見がある。

ヴェネツィアの美の発見者、トリンカナート女史の没後一〇周年を記念する展覧会が二〇〇八年、ヴェネツィアで開催され、価値ある図録も出版された。その表紙を飾る、製図台に向かい鉛筆を動かす若き日の女史の姿はいかにも美しい。

マイナーな建物やさり気ない町並みがもつ魅力を発見し、価値づけるという六〇年前に彼女が示した発想は、今も輝きを失っていない。現在の日本に一番欲しい視点でもある。

59　橋とマリア像

水の上に誕生したヴェネツィアは、初期には、隣の島に行くにも舟を使うくらい、水路に依存した街だった。だが、都市の発展とともに、道のネットワークが整い、島と島の間に橋が架けられ、人々が活発に移動するようになったのだ。舟との立体交差のため、古くは木の跳上げ橋だったのが、階段で上る石のアーチ橋に置き換えられ、今に繋がるヴェネツィアの水の風景が生まれた。

橋は隣の島に渡るための結界でもある。平坦な水上都市を歩く人々に、唯一の垂直方向の上り下りを強いる。だが、それは心地よいリズムにもなる。橋を越えるのは、荷車やベビーカーを押す身には大変だが、手慣れたもので、苦もなくこなす。人々の行動がすべて演劇的に見えてくる。狭い道に比べ、運河に架かる橋の上は開放的で気分がいいため、そこでの立ち話の光景にもよく出くわす。

ヴェネツィアでは橋は文化そのもので、エピソードのある名所も少なくない。サン・マルコ広場に近い「ため息橋」もその一つだ。総督宮殿の法廷で判決を受けた囚人が、暗く冷たい独房に収監される際に、運河に架かる石橋を渡りながら、窓の向こうに目をやり、「これで外の世界の見納めだ」とため息をついたことからこう呼ばれたという。

「天国の小道」への入口（右）と街角の聖母マリア像

人が主役の街だけに、ヴェネツィアの至る所に、歩行者の目を引く象徴的要素が見出せる。靴職人の会館の入口の上には、お洒落な靴のレリーフが彫られているし、ゴシック様式の美しいアーチ窓が一つ、橋を渡る人の眼を楽しませる例もある。

案外忘れられているのが、路上のマリア像の存在だ。迷宮空間を歩く人の眼に、実に効果的な場所を選び、マリア像が置かれている。路地の突き当たり、トンネルの内部、捻れた橋のたもとの壁面、渡し舟の船着き場の壁など、マリア像配置の隠れたルールが読み解けるのだ。

ヒューマン・スケールの迷宮に住む

ヴェネツィアの人々は、空間に対する優れた感受性を育み、演劇的な魅力も備えた水上都市を築き上げた。

60 ヴェネツィアの二つの中心

複雑で秩序のない都市と思われがちなヴェネツィアだが、実は的確な位置に、二つの象徴的な中心を巧みに創り出している。政治・宗教・文化の中心、サン・マルコ広場と、金融・経済の中心、リアルト市場だ。

サン・マルコ広場は、海洋都市ヴェネツィアの正面玄関で、ラグーナの水面に開き、ウォーターフロントの華やいだ雰囲気に溢れる。

アドリア海からやって来る船は、高く聳える鐘楼を目印に、この広場を目指した。水面の前方には、中世ゴシック様式の総督宮殿の美しい姿が見えてくる。サン・マルコ沖に着くと、二本の円柱の前の船着き場から上陸。遠近法の手法でできたこの小広場（ピアツェッタ）に立つと、まるでルネサンスの劇場空間にいるかのようだ。だが、広場は権力装置でもあり、二本の円柱の間では、絞首刑が行われたという。

右奥に四つのドームを戴く、ビザンチン様式の傑作、サン・マルコ寺院がある。内部の金に輝くモザイクが素晴らしい。その前面に、柱廊でコの字型に囲われた堂々たる広場がある。貴族的な優美さを誇るこの広場では、様々な祭礼、スペクタクルが繰り返し催されてきたのだ。

一方の中心、大運河の中央部分に形成されたリアルト市場は、東と西の世界を結ぶ中央市場の役割を担った。サン・マルコ広場から複雑に折れ曲がるメインストリートを抜け、リアルト橋を渡ってこの市場に入る。サン・ジャコモ教会の小さな広場があり、柱廊の中に銀行や保険会社が並んでいた。その一画が近年、修復再生され、お洒落なワインバーが連なる人気スポットとなっている。

貴金属等の高級店舗がひしめく一画を抜けると、裏手の水際には、野菜、魚の市場が今も広がり、市民の買い物客でごった返している。背後には、かつては旅籠の役割をも担った立ち飲みの居酒屋が幾つもあり、昼間から常連客で賑わっている。リアルトこそ、今なおヴェネツィアの庶民的活気に満ちた真の中心なのだ。

61　水上タクシー

ヴェネツィアは一周遅れのトップランナーの感がある。世界中が近代化で鉄道と車による陸の文明を築くなかで、この「水の都」は、船と歩行だけの街を断固維持し続けた。

時代が大きく動き、近代文明の反省期に入った一九七〇年代、先進国の都市は歩行者空間化に、そしてウオーターフロントの再生に熱心に取り組み始めた。モデルとなったのは、当然ヴェネツィア。世界中から大勢の人々がこの「水の都」に視察に来る時代となったのだ。

ヴェネツィアでは実は、近代にむしろ舟運が活発になった。蒸気船など動力船の普及で、移動時間は短縮。行動範囲も大きく広がった。水上バス（バポレット）の運航は正確で、深夜も使える。

水上タクシーも、観光客ばかりか日常の都市活動に欠かせない。空港とヴェネツィアの島の間の移動には、水上タクシーが便利でよく使うが、かなり高くつく。ある時、早朝、陸のタクシーで飛行場まで安く行こうと、前の晩、街の西端のバスや車が発着するローマ広場近くのホテルに泊まり、タクシーを予約した。当然、車のタクシーのつもりで。ところが出発の朝、ホテルの船着き場に何と水上タクシーが来ているではないか。これならサ

水上タクシーの乗り場。リアルト橋付近

ン・マルコ広場周辺のホテルに泊まって楽しめばよかった、と後悔。だがヴェネツィアでは、タクシーと言えば水上の方が普通なのだと知って、逆に感心させられた。この水上タクシー、東京をはじめ日本各地の水の都市にも大いに使えるはずだ。

近代の「水の都」ならではの面白さは、水上テラスの登場にもある。ヴェネツィアの運河から直接建ち上がる邸宅の前面は、かつては船がつき、遠方から運んだ荷を揚げる機能をもった。近代にはさすがにそれはなくなり、むしろ快適な空間に転換可能になった。大運河沿いの貴族の邸宅を転用した高級ホテルはどれも、心地よい水上テラスを設け、最高の気分で朝食を楽しめる。

「水の都」に惚れ込みヴェネツィアに留学した陣内研の樋渡彩さんは、こうした水上テラスが一九三〇年代に誕生した経緯を、史料から調べ上げた。

開放感のある水辺を現代のセンスで活かすことは、大きな課題。ヴェネツィアの近代の経験から学ぶことは多い。

62　ヴェネツィアとヴェネト

ヴェネツィアを州都とするヴェネト州は、北イタリアの穏やかな気候と自然に恵まれた地域である。一四世紀まではもっぱら海に顔を向け、ビザンツ、イスラム世界との交流の中から、エキゾチックな香りをもつ独特の都市文化をつくり上げた。

だが一五世紀には、そのヴェネツィア共和国は、本土《テッラフェルマ》にも関心を向けるようになった。危険を覚悟で東方の海に乗り出したヴェネツィア貴族たちも、富を蓄えると、より安全で安定した経済基盤を求め、本土にその支配を伸ばし始めたのだ。パドヴァ、ヴィチェンツァ、ヴェローナをはじめ、現在のヴェネト州にあたる地方の魅力ある街々が、いずれもヴェネツィアの支配下に置かれた。

だが実は、ヴェネトのこうした都市の方がはるかに古い起源をもつことを思い出す必要がある。いずれも古代ローマ時代には立派な都市を形づくっていたのであり、いまも街の中に幾つもの古代遺跡が姿を見せる。とりわけ有名なのが、ヴェローナの円形闘技場（アレーナ）やパドヴァの古代劇場跡だ。こうした古代都市の人々が中世初期、蛮族の侵入から逃れ、安全な海上に街をつくったのがヴェネツィアであり、この水の都は、むしろ新参者であった。それが東方貿易で富をなし、今度は逆に、本土の街々に支配を及ぼすことになったのだ。どの街もしかし、中世の安定した時代には、自治都市《コムーネ》として、それぞれの個性を磨き、美しい都市風景を形成していた。その中にヴェネツィアの建築と都市のメッセージが刻み込まれた。

これらの街を歩くと、ヴェネツィア・ゴシックの華麗なる連続アーチ窓で飾られた貴族の館に随所で出会える。一方、中心の広場には、聖マルコをあらわす翼のある獅子の像を戴く円柱が聳え、ちょうどヴェネツィアのサン・マルコ広場と似た雰囲気を醸し出している。

本土のこうした都市は、一五世紀の間にいち早くルネサンスの文化を取り入れていた。一方、中世に東方の高度な文化を受容し、独特の芸術、建築を誇ってきたヴェネツィアは、その点で遅れをとった。共和国の本土進出が本格化した一五世紀も末になって、ようやくルネサンスと出会い、大運河沿いの館にも、サン・マルコ広場の公共建築にも、初期ルネサンスの華やぎが加わったのである。

そしてヴェネト都市全体が、一六世紀には、建築家のパラディオ、サンソヴィーノらの大活躍で、素晴らしいルネサンス文化を展開させることになった。とりわけ、田園の中に点在する別荘建築（ヴィッラ）は、この地方独特のランドスケープを生んでいる。それも実は、ヴェネツィア共和国の社会経済的な変化と密接に結びついていた。一五世紀末、ヴァスコ・ダ・ガマによる喜望峰の南を回ってインドに行く新航路の発見、さらには強大なオスマン帝国の脅威によって、地中海貿易の役割は低下し始めていた。そんな中、共和国は本土の湿地、荒れ地を造成、開墾し、生産性を上げて、農業経営を本格的に推し進めた。その拠点として、ヴィッラが数多く建設されたのだ。都市に住む貴族にとっては、夏場は田園のヴィッラで優雅に過ごすことができた。ヴェネツィア貴族たちは、自家用の船《ブルキエッロ》でブレンダ河沿いに建つヴィッラに行くことができた。またヴィチェンツァの周辺の丘の裾には、パラディオの作品を始め、魅力溢れるヴィッラが数多く点在する。

一方、どの都市の中心部にも、古い街を改造しながら、ルネサンスのエレガントな広場が登場した。ヴィチェンツァでは、中世ゴシックの公会堂の表層にパラディオの手で端正な古典的な外観が加わり、イメージを刷新した。パドヴァでは、背後にサン・マルコ広場風の時計塔をもつ、やはりエレガントなシニョーリ広場が登場した。

こうしてヴェネツィアと他のヴェネト都市は、長い歴史の中で、お互いに影響を与え合いながら、同時に独自性も磨いて、全体として魅力溢れる素晴らしい文化圏を生み出したのである。

63　サステイナブル都市

ヴェネツィアは魅惑的な都市であり続けるが、世界有数の観光地だけに、問題も少なくない。住民の生活感に溢れ、庶民的な店が賑わうよき時代のヴェネツィアの姿がだいぶ失われたのも事実だ。

壁の漆喰が落ちた見すぼらしい外観の家も多く、野良猫が集まり鳩の糞で汚れた裏道もあったが、近年のヴェネツィアは、建物の修復も進み、高級店舗や新たなホテルが増え、ずいぶん奇麗になった。「テーマパークやディズニーランドにするな」との声が以前から強いのだが。

私が留学していた一九七〇年代前半、島の人口が一〇万を割ったと騒いでいたが、今は六万を切ったという。それでも、東のカステッロ地区に足を伸ばすと、庶民の生活空間は相変わらず賑やかだし、路上や運河の上に洗濯物が翻る。北の裏手にも、地元民の集まる居酒屋がむしろ増えている。カンポ（広場）で元気に遊ぶ子供達の歓声は、日本からは失われつつあるものだ。

ヴェネツィアはノスタルジックな観光都市のイメージばかり強いが、住民の生活の街であり、同時に、世界に文化・芸術を発信する現代の都市でもある。一八九五年開始の世界最古の国際美術展、ヴェネツィア・ビエンナーレ、その一部として一九三二年に始まった国際映画祭など、世界の注目を常に集めてきた。二〇〇九年六月には、海洋都市の記憶を語る「海の税関」の大建造物が、安藤忠雄氏の設計で現代美術館として見事に蘇り、話題になっている。早速、見に行った。安藤流の奇麗な打ち放しコンクリートの壁面が煉瓦と石の古い構造体の中に巧みに挿入され、新旧が見事に対話し互いに引き立て合う、現代のヴェネツィアに相応しい作品となっているのに感銘を受けた。大運河の入口に建つ最も象徴的な建築に新たな生命が宿った意味は大きい。

たった人口六万の都市（本土側を入れて二七万）がこれだけ世界にイメージを発信し続けるのは驚嘆だ。冠水する姿さえ、この街の知名度を上げる。

人々を惹き付ける都市の固有の物語がここには沢山ある。ヴェネツィア神話と言ってもよい。水と共生する都市、過去の記憶が詰まった都市。自然と歴史の資産こそ二一世紀の我々に最も大切な宝だということをこの「水の都」は物語る。ヴェネツィアは賢く粘り強く生き続ける真のサステイナブル（持続可能な）都市なのだ。

Ⅳ　イタリアのスローシティから学ぶもの

64　風景の価値

最近のイタリアで感じる都市や田園の空気をご紹介してきたが、日本にも目を向けたい。三五年前、イスラム建築が専門の石井昭先生にお伴して、同じ風景がいつまでも続くイランの土漠をジープで回っている時のこと。先生が「日本の風景は歌にある通り、実に変化に富んでいるんだよ」と言って、歌い始めた。

今は山中、今は浜
今は鉄橋渡るぞと
思う間も無く、トンネルの
闇を通って広野原

この体験は強烈だった。日本の風景の豊かさを私は、イランで教わった。

そして地形と風土のバラエティーは、実はイタリアと日本でよく似ている。最近になって、イタリアの各都市が、自分らの宝である歴史的風景を再評価し、食も含む地域の文化を掘り起こして元気になっている姿をここまで紹介してきた。では、日本はどうか。

我が国では、戦後長らく経済発展、便利さ、効率だけが目標になり、夢のある明確な都市像をもてなくなった。皆で力を合わせ楽しく素敵な街をつくり上げる情熱もセンスも失いかけている。その結果、歴史のある中心市街地が空洞化する一方、ロードサイドの大型店舗、商業施設が相変わらずの人気。美しかった田園風景も市街化の拡大で見る影もない状態に。

でも今、グローバルな経済危機の中、自分達の地域を見直す絶好のチャンスが到来している。江戸時代の都市社会がもっていた持続可能な性格が評価され、また江戸の美意識、日本の優れた食文化が見直されている。豊かな食と結びつき、環境保存とも繋がる農地・農業を大切にする動きが急速に高まってきた。さらに、古い街や、逆に過疎の農村地域を蘇らすのにアートが大活躍する成功例も各地に生まれている。

二〇〇九年秋、嬉しいニュースが飛び込んだ。広島県福山市にある「鞆《とも》の浦《うら》」の歴史的な景観を守るため、この地で計画された架橋と埋め立ての工事に広島地裁がストップをかける判決を出したのだ。世界遺産への登録が期待される私も大好きな美しい港である。従来型の道路建設の公共事業による地域開発ではなく、自然と歴史が育んだ風景の価値を大切にし、それを現代の感性と技術で活かす創造的な地域づくりを実現できる時代が日本にも来たのだ。

65　チッタズロー

二〇〇九年秋、東京・九段のイタリア文化会館で、感動的な講演会があった。スローフードを提唱し、今や世界的な運動へ発展させた立役者、カルロ・ペトリーニ氏が主役。その著書『スローフードの奇跡』が翻訳出版されたのを祝ってのイベントだ。講演の後、日本におけるスローフードの紹介者、推進役の島村菜津さんと石田雅芳氏が聞き役で、実に愉快で深い内容のトークとなった。

ローマの中心部にマクドナルドが開店したことで、ファーストフードにイタリアの食文化がつぶされる、という危機感から、文明批評としてのスローフード運動が、ピエモンテ州のブラという名もない街で一九八六年に誕生。リーダーとして運動を牽引し、今や世界を席巻し、スローフードの国際協会会長をつとめるのがペトリーニ氏だ。

ゆっくりとした口調で、新しい時代の実践的哲学を、体験にもとづきながら実にわかりやすく話す彼の講演は、聴衆を魅了する。

グローバル経済の拡大で、食の均質化が進み、地元の新鮮で多様な食材を生かし楽しむ本来の食文化が失われた。農業が衰退し、農地は荒れ、田園の環境も悪化。その根本的な反省に立って、食事の文化を生活の中心に取り戻し、本物の地元の料理を楽しみながら、農業をベースとする地域経済を再生し、環境も守る、というのがペトリーニ氏率いるスローフードの発想なのだ。まさに、今の日本に最も必要な考え方ではないか。

義務感からの環境問題への取り組みは限界があるという。真のガストロノミア（食道楽または美食法）を家族や友人と楽しみ、幸福感を人々が感じながら農業を、そして環境を守る。それが地域の伝統を再発見し、文化のアイデンティティを育てることにつながる。まさに我が意を得たり。元気をたっぷりもらうことのできる名講演だった。

イタリアではスローフードの動きと呼応して、スローシティ（イタリア語ではチッタズロー）の運動が生まれ、これまた世界に大きく広がっているという。人々が自分の暮らしのゆとりを取り戻し、地域の歴史・伝統・自然・風景の資産を再発見して活かし、個性的なまちづくりを推進する。このイタリア発のもう一つの文化運動が日本に到達する日も近いのではなかろうか。

66　日本がめざすべき都市づくり

私が研究対象とするイタリアでは、近年、歴史を生かした都市づくりをますます意欲的に推し進め、個性に富んだ魅力的な生活空間を次々に生み出している。そんな話を講演会ですると、イタリアは石の文化なのに対し、日本は木の文化だから、古い建物は残りにくく、歴史を生かすことが難しい、という反応が必ず返ってくる。そこで思考停止をしてしまうのだ。

だが、本当だろうか。日本の都市は歴史を受け継げないのだろうか。

日本の都市の歴史を感じるには、確かに、建物だけを見ていたのでは、頼りない。日本の都市の魅力は、おそらく建物だけでは生まれない。むしろ、変化に富んだ地形や植生と一体となって創り出された風景の骨格が重要で、そこまで目を向けると、歴史が見えてくる。

日本の都市は本来、多様性のある豊かな自然条件を誇る。山や丘があり、森や林があり、坂があり、川や掘割、運河が流れ、そこに橋がかかる。大地の起伏、道路のネットワーク、土地の区画割りなど、土地に結びついた要素は、時代を超えて歴史の中で受け継がれ、都市や地域の個性を演出し、文化的なアイデンティティを形づくっている。その強さは欧米の都市の比ではない。

イタリアから来た友人の建築家が、「東京は地上の建物はどれも新しいのに、それを支える地面の仕組みが極めて古いのに驚かされる」、と世界でも極めて特異なこの都市の本質を見事に言い当てていた。

その東京だが、下町は水路が編み目のように巡るヴェネツィアにも似た「水の都」だった。しかも、山の手はローマと同様、七つの丘からなり、武蔵野の緑溢れる「田園都市」だった。従って、真っ平らなヴェネツィアやアムステルダムやバンコクとは異なり、渓谷があり、崖線の美しい緑があり、実に表情豊かな世界に類例のない「水の都」だったと言えるのだ。

右肩上がりの経済成長が長く続いた戦後の日本では、自然にも歴史にも興味を示さず、がむしゃらに開発を続け、上述のような自然と歴史の財産を潰し続けたと言わざるを得ない。グローバル化が進む中、真の世界都市となるには、自然と歴史を最大限尊重し、文化的アイデンティティを外国人にもアピールできる都市づくりを目指さなければ、生き残りさえ怪しい。同時に、サステイナブルな都市、地域づくりが本格的に求められる今日、己の特徴をよく知り、個性を伸ばす方向へ、発想を大きく転換していくことが必要だ。

東京には、都市の歴史の記憶と結びつく、水と緑が一体となった空間軸が沢山ある。水と緑に包まれた江戸城＝皇居の見事なエコ空間が都心を占めるのも驚きだが、それを囲う内壕と外濠は、いずれも起伏を生かした水循環のシステムを内包する価値ある水辺空間となっている。

神田川・日本橋川・隅田川のループは、水と緑、近代建築と橋とが織りなす、東京ならではの華やかな空間軸だ。しかも、日本橋のたもとに近々、船着き場が実現することで、舟運の本格的な復活が期待される。羽田がハブ空港の役割をより担えばなおのこと、東京の都心にリムジン水上バスで空港から直接、気分よく乗り込むことも可能になる。水上タクシーの導入も大いに検討すべきだ。そうすれば、水辺のホテル、レストランの可能性も生まれてくる。

墨田区押上に建設中の東京スカイツリーの登場の意味も大きい。この展望台からの眺めは、実は、幕末に繰り返し描かれた江戸鳥瞰図の視点とほぼ同じものなのだ。二一世紀の東京人が、江戸っ子と同様に自分の街を眺められるというのは、何とエキサイティングではないか。大気の気配とともに、奥多摩、秩父の山脈に源をもつ東京の地上と地下の水の流れが想像でき、内壕・神田川・隅田川から東京湾へと注ぐ河川の流路も手にとるようにわかる。この塔からの眺望体験は、東京の姿を歴史とエコロジーの視点から振り返るのに、大きな役割を果たすに違いない。

そして、東京スカイツリーの足下には、北十間川が流れる。それは横十間川、旧中川、小名木川と繋がり、閘門《こうもん》を通して荒川とも結ばれる。現在、樋門で塞がれている状況を何とか技術的に克服できれば、すぐ近くの隅田川への船での回遊が可能になる。

公共投資も、都市や地域の文化的な環境価値を高めるこうした大きな事業に振り向けていくべきだ。防災にもおおいに役立つ。地形、川や掘割などとも結び付けて考えれば、東京をはじめ日本の都市は、歴史の記憶と結びついた文化的な個性をおおいに発揮できるはずだ。それこそが市民の生活を豊かにすると同時に、世界の人々を惹き付け、経済の力にも繋がる。

67　魅力ある水辺空間

私は水の都に暮らす楽しさ、おもしろさを、学生時代に二年間、ヴェネツィアに留学して体験した。このまちを移動するには、歩く以外はもっぱら水上バスが便利で、大運河の対岸と結ぶ公共交通機関としてのゴンドラによる渡し船（トラゲット）にもよく乗った。生活者はあまり使わないが、ビジネスや観光では、水上タクシーが実に効果的に機能している。楽しみのためにボートを持つ友人が多く、しばしばラグーナ巡りに連れていってもらった。

運河が街の至るところにあるというだけで、気持ちに潤いやゆとりが生まれる。冬場、

ヴェネツィアのリアルト市場の大運河に面する一画に登場したワインバー

水位が上がってアックアアルタ（冠水）が襲うときはもちろん大変だが、人々は慣れたもので、その対処法を心得ているから、慌てない。ふだんは運河沿いの岸辺や水上に張り出したカフェやレストランで、至福の時間を味わえる。

世界の都市が、工業化時代の価値観を脱し、水辺の大切さに気づき、再生への試みを開始したのは、欧米の早いところで一九七〇年代だった。日本でも、小樽などを筆頭に、熱い市民の闘いなどを経て、ウォーターフロントの再生が市民権を得た。ヴェネツィアに視察に訪れるグループが後を絶たなかった。

世界の動きを見ていると、この一〇年、水辺再生はますます都市づくりのメインテーマになっていることがわかる。七〇年代は、使われず荒廃の様相さえ見せた旧港のまわりに商業、文化の空間が生まれ、賑わいのあるハレの場所として人々を引きつけた。一種の観光スポットでもあった。ところが、最近では、工業ゾーン、港湾ゾーンの広いエリアが再生の対象となり、より人々の日常的な生活空間として、水辺が活用されてきている。集合住宅群がたくさんでき、カフェ、商業、文化が混ざり合い、大学キャンパスまで生まれているところもある。

東京、大阪をはじめ、日本の大都市の多くは、湾に面して立地し、複数の河川が流れ込み、さらに掘割や運河を持つこともよくある。工業化時代に汚染され、あるいは工場や倉庫に独占されて人々が寄りつけなかった水辺が、市民に解放される時代が到来した。ちょうど私がヴェネツィアで体験したような、水の都市の豊かな生活空間を実現することも、夢ではないはずだ。それに向けた発想の大きな転換が求められる。

今のような、ディベロッパー任せの大規模住宅開発ばかりを集積したのではだめだ。河川、運河、ベイエリアの埋め立て地全体を見据えた公共的観点からのグランドデザインが必要で、実際、欧米の都市が力を入れているのもその点にある。新たな時代を担う経済活動の誘致も含め、水辺にふさわしい多様な機能を混在すべきだし、水際にはヒューマンスケールの賑わいの場を生み出したい。飛行場からのリムジンも含む定期水上バス、水上タクシーなど、舟運の活用とそのための船着き場の整備が求められる。積極的な水辺活用のための規制緩和も絶対に必要である。社会実験を重ね、さらに市民の関心を高めながら、二一世紀の日本にふさわしい魅力あふれる水辺都市を実現したいものである。

68 「街に住む」という感覚

毎夏、学生達と地中海世界の魅力的な都市に出掛け、歴史の中でつくられてきた住宅の調査を行っているが、今の日本の状況と比べ、いつも思うことがある。イタリア人やスペイン人は、「家に住む」というより、むしろ「街に住む」という感覚を強く持っているように見える。

家そのものの広さはもちろん重要だが、それにもまして、彼らは街との繋がりを大切にする。先ずは、窓からの眺め。壁構造の家だけに、窓という額縁の向こうに広がる眺めは、実に印象的だ。中層の建物の三階とか四階の住戸であれば、建て込んだ市街地であっても、窓の外に、開放的で味わい深い街の風景が広がるのだ。人々の生活感も伝わり、街に住んでいる充実感が感じられる。バルコニーに出ることができれば、一層その効果が高まる。

日本では、超高層の住宅からの素晴らしい眺めばかりが話題になるが、これは様々な建物が織りなす街の風景を楽しむヨーロッパの感覚とはほど遠い。中層の住宅が集合する街並みの中に、窓からの味わい深い眺めを確保し、こうした街に住む感覚を育てたい。

同時に、彼らは都心居住の面白さを身体で知っている。街の真ん中に住む人にとっては、何でもまわりに揃っている。素敵なカフェやギャラリーがあり、洒落たブティックや食材

旧港の水辺で繰り広げられるパッセジャータ。トラーニ

屋などの個人商店が揃っている。華やかな雰囲気の広場では友人達と出会う機会も多い。歩行者空間化したヒューマンスケールの街路は、どこを徘徊しても楽しい。イタリアでは、どの都市にも夕方、お洒落をした市民が繰り出し、同じ場所を何度も行き来する「パッセジャータ」（散歩の一種）の舞台となるお決まりの街路がある。高層の住宅ばかりで再開発したのでは、こうした街全体が醸し出す楽しさ、面白さは決して生まれない。「街に住む」とは、こうした家の外にも自分が使いこなす、居心地のよく楽しい場所が広がっていることをいうのだ。街への愛着も誇りもこうして生まれる。

二〇〇三年が江戸開府四〇〇年にあたり、以来、江戸の都市生活を振り返る気運が高まった。そこで話題になるのは、江戸の町人達もまた「街に住む」という感覚をもっていたということだ。路地裏の長屋の住人にとって、家は狭くとも、街路はライブ感覚に溢れ、街には楽しい文化的な刺激があった。それは近代に入っても戦前まで持続し、人々はヨーロッパの都市とも通じる都市型人間としてのスピリットをもっていた。震災復興時の昭和初期につくられた建物を見ても、小学校であれ、オフィス建築であれ、集合住宅であれ、どれも街との見事な繋がりを示していた。

今、再び都心居住が見直されてきているが、その中で、神楽坂の人気が上昇しているというのも興味深い。ある週刊誌が行った、住んでみたい街についてのアンケート調査で、神楽坂が関東で一番、という結果が出たというのだ。便利でいて、風情豊かな落ち着いた雰囲気に包まれた街の佇まいが、高く評価されているのだという。少しばかり、日本にも「街に住む」感覚が戻ってきたのだろうか。住宅を建設し供給する側にとっても、今、最も重要なテーマの一つが「街との繋がり」をいかに生み出すか、という点にあるのは間違いない。

69 イタリアの広場、日本の広場

「街に住む」ということは、そこに住む人々とコミュニケーションを保ち、生き生きとしたヒューマンネットワークをつくりあげることでもある。この点でもイタリア人の行動の仕方は興味深い。イタリアに行くとどんな小さな都市にもあちこちに広場がある。そして広場には人々がたくさん集まり、おしゃべりを楽しみ、やがて三々五々近くのカフェに繰り出していく。その広場に行ったら必ず顔なじみの人がいるという空間になっている。家の周りに必ず自分のネットワークを持っていて、気の置けない仲間たちとカフェや居酒屋に行ったり、散歩を楽しむ。自分という存在と都市空間という場所がリアルに結びついているのだ。

日本ではお金を使わないと居心地がいい場所にいられないという傾向がますます強くなりつつある。ゆったりできる喫茶店もどんどんつぶれ、セルフサービスのチェーン店が増えている。厳しい経済論理が貫徹され、ただでのんびり、何の遠慮もなく、お金も使わずにいられるような、ゆったりとした空間が都市の中からみんな削られていく。もちろん原っぱはなくなり、神社の境内も駐車場に切り売りされていく。

都市にはコミュニティがなければ殺伐としたものとなる。そしてコミュニティが育つには場がなければならない。イタリアでは、象徴的に言えば、都市全体が広場を中心としてサロンのような雰囲気を持っている。お金をかけないで自由に出かけていき、交流できて、自由に楽しめる時間と空間がある。行政当局は歩行者空間化と公共照明の整備に力を入れ、見違えるような効果を生んできた。イタリアでも特に地方都市は、車づけの生活になっているので、意識革命が求められた。効率、便利さを一〇〇パーセント追求するのではなく、多少の不便はみんなで我慢しながら、より面白く魅力的な街をつくるという気持ちをはぐ

晩の広場の賑わい。バーリ
（稲益祐太撮影）

くみ、歩行者空間ができ、人々が街に繰り出すようになっていった。そのためには自治体側のリーダーシップや求心力も求められたが、逆に歩行者空間が実現して効果を発揮することで、そのような求心力が生まれ易くなるという相互関係があったように思う。

日本にも戦後、西欧都市を憧れ多くの広場ができたが、成功した例は少ない。だが、日本にもそれとは違う広場の伝統があったことを思い起こしたい。われわれの身体感覚に合った規模と役割をもつ交流の場がたくさんつくられてきたのだ。

地域の神社や寺の境内の一角にベンチが置かれ、老人たちが寛ぎ、のんびり会話を楽しむ光景をよく見かける。児童遊具が置かれ、子供たちが飛び回っていることもよくある。日本の典型的広場シーンのひとつだ。一方、巣鴨の「とげ抜き地蔵」の周辺には、縁日の日には動的な広場が出現する。高岩寺の境内から門前の商店街にかけて、露店がぎっしり並び、おばあちゃんたちの熱気に包まれる。日本的な広場の典型を見る思いがする。

都市の中心に広場ができる構造は日本には確かにない。むしろ、都市内での人の流れの結節点に賑わいに満ち、象徴性をもつ広場的な場所が形成された。辻の空間がその典型であり、近代にも銀座四丁目の和光の交差点などが人気を集めてきた。

舟運の活発な江戸時代には、橋のたもとの空間がさらに重要だった。陸と水の交通の結節点で、しかも火除地として計画的に大きな空地がとられた橋のたもとは、やがてその地の利を活かし、大勢の人々の集る盛り場となった。その代表が両国橋の西のたもとの広小路だった。堂々たる建築で囲われる西欧の広場と対照的に、仮設の茶屋や芝居小屋が並び、辻芸人、物売りがひしめいて、猥雑な活気に満ちた日本的広場を形づくっていたのだ。

水の都市から陸の都市に転換した近代の東京では、橋のたもとの代わりに、駅前が交通上重要になり、そこに広場が誕生した。駅は街の顔でもある。渋谷のハチ公の銅像のある広場など、近代日本の生んだ典型的な広場である。レトロ風に機関車が置かれ、いつも何をするともなく男どもが集まり賑わっている新橋駅鳥森口の広場には、地中海世界の都市の広場と相通ずるおもしろさがあるし、ベンチと植え込みで囲われ人々がのんびり寛ぐ阿佐ヶ谷駅の南口広場には、現代日本の公共空間の新たな可能性が現れている。効率や便利さばかりを考えず、車の侵入を抑制すれば、人々が集まり、交流の場となる駅前広場が実現する可能性が開けるに違いない。

近年、東京の水辺空間の復権とともに、隅田川やベイエリアに、水に開いた気分のよい広場がいくつか生まれているのが注目される。まず、江戸の橋のたもとの広場を現代に蘇

夕暮れ時のお台場海浜公園。東京

らせたかのように、歩行者専用の「桜橋」のたもとに、親水広場ができている。花見の時期に行われる早慶レガッタの日には、ここに両校の応援団が陣取り、祝祭気分は最高潮に達する。大川端近くの聖路加タワーの足下の親水テラスでは、昼食時には、階段状広場のまわりで食事をする大勢のOLらの姿がある。夕方には犬の散歩のコミュニティが出現し、水辺が蘇ったことを物語る。

感動的な新時代の広場の雰囲気が、近年のお台場に登場している。週末ともなると、昼間は浜辺でアサリの潮干狩りをする子供連れの家族やピクニック気分の大人たち、夕暮れになると、若いカップルがたくさん集まり、沖に浮かぶ屋形船がまた幻想的な気分を演出する。現代日本の水辺ならではの広場がここにある。

跡地利用の大規模な再開発とともに、魅力的な広場が生まれた例も少なくない。新宿サザンテラスは、全長三五〇メートルの歩行者空間に店舗が巧みに置かれ、ブリッジを経て対岸のプロムナードまで至る魅力的な回遊性のある遊歩道であり、一種の広場となっている。夜は、下の軌道を通る電車が光の川を生み、幻想的な雰囲気に包まれる。

都心回帰の流れを受けて、都心にマンション人口が増えたこともあり、恵比寿ガーデンプレイスや晴海トリトンスクエアの広場には、高齢者も乳母車を押した若い母親も集まり、日常的な生活感をもった広場の情景が生まれている。日本にもいよいよ本当の広場が成立し始めたという実感がある。

経済性ばかり追求される日本の都市開発のなかで、真の公共性を考えた広場を適切に生み出していく努力はきわめて重要である。

70　都市の回遊性

観光客のためにまちづくりをするのではなくて、自分たちにとって魅力のある、コミュニケーションにあふれた街をつくり、その魅力に曳かれて人々が集まってくる。つまり、生活と文化と経済が一体化し、その都市としての総体的な魅力が観光資源となる——イタリアにはそのような都市がたくさんある。街の中心に広場があり、広場にはロマネスクの大聖堂があり、歴史を静かに、しかし雄弁に物語っている。オープンカフェがあり、地元の人も観光客もいっしょになってワイワイやっている。歩行者空間がメインストリートだけではなく、毛細血管のように街全体に行きわたっている。

歴史地区を、イタリア語ではチェントロ・ストリコというが、このチェントロ・ストリコはおもに中世に建設され、車が想定されていないからヒューマン・スケールになっている。これに似た空間は、歴史的にはやや新しいが日本にもあり、江戸時代にできた街はどれもヒューマン・スケールである。車を想定していないので、車を入れること自体が不自然となる。たとえば神楽坂は江戸から明治にかけてできた歴史のある街で、階段や段差があり、車が入りにくい構造になっていて、バリアフリーということからすると失格と言われがちだが、車が来ないから実は年寄りにもやさしい街となっている。

そしてイタリアではチェントロ・ストリコを蘇らせ、人々は街に繰り出し、回遊するようになった。つまりイタリアの街のキーワードのひとつが「回遊性」にある。コモをはじめとした成功しているイタリアの街を見ていると、みんな街の中を回遊している。そして回遊性が生まれる土壌は、裏通りにあるといってもいいだろう。東京などでも、本当に味のあるいい店は、メインストリートから一本入った裏通り、路地にあることが多い。表通りはにぎわっているが、逆にあまり落ちつかない。

ヴェネト州にトレヴィーゾというとても魅力的な街がある。ヴェネツィアのヒンターラ

街歩きが楽しい谷中（右）と迷宮性のある神楽坂。東京

ンドにあたり、ヴェネツィアから車で三〇分ぐらいで行けるところにある。世界的企業になったベネトンがこの近郊から生まれ、経済的にすごく元気な地域となっている。ファッショナブルで、グルメで、キノコ市でも有名。素晴らしいレストランがいっぱいある。この街も中心部は歩行者空間化しており、しかも水路がたくさん残されていて、歩いていると心が洗われるような気分になる。街全体がピクチャレスクで変化に富んでおり、裏通りには素敵な店がいっぱいある。公共側が歩行者空間を実現し、市民はその空間をうまく使ってギャラリーやブティックをたくさんつくり、そのすぐ近くに住まいを構えている。職住が一体だ。そこから日常的な回遊性が生まれる。

日本でも京都の町家は、店を構えながらそこに住み、まさにSOHO（ソーホー）を先取りしていた。このようなソーホー的感覚をもう一度取り戻すべきではないだろうか。残念ながら、日本では戦後、郊外型居住を発達させ、職場へは遠くから通うということになってしまったが、今一度、既成市街地の中に職住一体型の街を取り戻すことができないだろうか。

71　変化のスピード

イタリア人と日本人、国民性の違いは確かにあるが、生活のテンポということを、私たちは少し考えてみる必要があるのではないだろうか。造園学、ランドスケープが専門の進《しん》士五十八《じいそや》氏は、「変化はいいけれども、スピードとスケールが重要だ」と指摘しているがそのとおりだと思う。「変化」とは、人間がついていける、あるいは新たなニーズに応じながらバランスをその都度再構成していけるスピードとスケールでなければならない。そうでないと人間がおかしくなってしまう。まちづくりも同じで、周りと調和しないものがすごいスピードで次々に入ってくると、前のものを殺してしまうから、再生にならない。

ジェーン・ジェコブスという女性の建築評論家が著した『アメリカ大都市の死と生』（鹿島出版会）という非常に重要な本がある。一九六一年に出版され、都市学の古典となっている。彼女は、この本の中で、アメリカの大都市における再開発を徹底的に批判した。緑にあふれる広大なオープンスペースをとって、高層の建物を建てるスーパーブロック方式の再開発は、一見よさそうではあるが、それが都市をだめにしたと彼女は言う。まず死角がいっぱいできるから犯罪が起こりやすい。周りとの連続性もなくなるからダイナミックな多様性もなくなる。このような巨大な再開発は、人間が受け入れられる変化のスピードやスケールを超えているのだ。

彼女はニューヨークのダウンタウンで生まれ育ち、子育てもした経験にもとづき、そこがいかに人々のコミュニティの場になっていたか、子育てにもよかったかということを生き生きと語っている。『アメリカ大都市の死と生』はアメリカの都市づくりに影響を与え、その手法は少しずつ変わっていった。日本でもこの本は大きな話題になったが、残念ながら現実のまちづくりには影響を与えなかった。

ジェコブスはまた、中層の古いビルにも注目した。ニューヨークにも古いビルが多く、そういう古い中規模のビルはテナント料が安い。だから、新しい意欲的な試みをしようとする小さな資本の企業経営者にとっては非常にいい場所となっている。そこで実験し、インキュベーターになる。ピカピカの立派な超高層のビルはテナント料が高く、若くて元気がよくて何かやろうとするクリエイティブな起業家には借りられない。結局、大規模な企業、力を持っている企業ばかりがのさばってしまう都市になる。したがって、中小のちょっと古いビルが並んでいる界隈は多様性を保障するのだ――彼女はこう主張した。

今から振り返れば、アメリカで部分的に行われたことがイタリアでは、より洗練された形で実践されたと思う。イタリアが誇る伝統的な街並みを生かし、人間が受け入れられるスピードで、都市空間を魅力あるものに変えていった。古いものを古いまま使うのではなく、新しい発想でリノベーションしていった。すぐにあるものを蘇らせ、活用し、適切な規模で現代に合わせてクリエイティブに読みかえていく――そのような「コンバージョン」の発想が今の日本のまちづくりにも求められているのではないだろうか。

地方分権が進み、自治体のまちづくりの権限はこれから増えていくことだろう。限られた財源を有効に使って魅力のあるまちづくりを行っていく上で、イタリアの都市に学ぶ点は多いように思う。

あとがき

丘の緩やかな起伏の連なりのなかに次々に登場する葡萄畑や小麦畑、糸杉の並木に導かれ丘上にぽつんと建つ古い農家。高台には時折、中世の要塞や小さな山岳都市が姿を見せる。近年、注目を浴びるトスカーナ地方、オルチャ渓谷の絵のように美しい田園風景だ。シエナの南に広がるこのオルチャ川流域の地は、穏やかで優しい地形をもつ。

この春の連休を利用して、私は念願のオルチャ渓谷を初めて訪ねた。ローマ大学の友人で、この地の世界遺産登録に貢献したパオラ・ファリーニ教授から、いつもその魅力を聞かされていたからだ。オルチャ流域の再評価を通じて、文化的景観という新たなジャンルが誕生し、近代の発展から見捨てられていた田園地域を元気にさせる道が示された。多様な変化を見せるこの地域の田園風景そのものが重要な文化なのだ。その美しさと豊かさの再発見が地域再生へとつながっている。今では実に多くの農家が、農業を続けながら、宿泊、食事のできるアグリトゥーリズモを経営しているのにも驚かされた。

絶滅寸前まで追い込まれながら、スローフード運動を背景に見事に蘇った、黒い体と白い帯を特徴とするチンタセネーゼ（シエナ産の豚）は絶品だ。ブルネッロ・ディ・モンタルチーノを筆頭に、オルチャ地方が誇る赤ワインと一緒にこの生ハム、サラミ、そして肉料理を堪能していると、実に幸せな気分になる。チンタセネーゼについては、イタリアのスローシティ運動を詳しく調べた建築家、松永安光氏から教わっていたので、現地でそれを体験することも今回のオルチャの旅の重要なテーマとなった。

この美しい景色、この味、そしてこの幸福感にこそスローフード、スローシティが凝縮されている。まさに、この本のサブタイトル、「スローシティを歩く」にふさわしい旅を楽しめた。

本書は、イタリア大好き人間の一人、西日本新聞社の野中彰久氏から五〇回に及ぶ新聞連載の機会をいただいたことに始まる。しかも連載の決定を聞きつけた弦書房の野村亮氏がすぐに出版を約束。連載原稿を核とし、これまで発表してきたエッセイの類を加え、本づくりに精力的に取り組んで下さった。この本の生みの親のお二人に心からお礼を申し上げる。雑誌「アマレーナ」等、これまでエッセイ執筆の際に担当下さった各誌の編集者の方々にもこの場を借りてお礼を述べたい。

本書はエッセイ集とはいえ、法政大学の研究室の学生たちとこの一七年間、継続してきた南イタリアの都市調査の体験に裏打ちされている。南イタリア都市の研究に邁進する稲益祐太氏をはじめ、調査に参加した大勢の学生諸君に感謝したい。本書の刊行にあたっては、他にも様々な方々にお世話になった。特に、写真家で私の研究室メンバーでもある鈴木知之氏には、プーリア調査の間に多くの素晴らしい写真を撮影していただいた。陣内研出身のイラストレーター、なかだえりさんには、新聞連載の際の素敵な挿絵をここでも掲載してもらえた。心からお礼申し上げる。最後に、本書執筆の締めくくりのオルチャの旅に同行し、ご自身の研究テーマであるこの地域の魅力を教えて下さった植田曉氏にも感謝したい。

陣内秀信

二〇一〇年五月三日　オルチャ渓谷にて

【初出一覧】

西日本新聞社連載「イタリアの街角より」（二〇〇九年）を中心に、次の項目（数字は本文中の項目番号を示す）を加えた。**4トゥルッリ**「cronaca」日伊協会会報、二〇〇七年／**6アグリトゥーリズモ**「SD」鹿島出版会、二〇〇八年／**23イタリア中世海洋都市とイスラム世界**「地中海学会月報」地中海学会、二〇〇六年／**33ヌラーゲ**「cronaca」日伊協会会報、二〇〇七年／**36シチリアの光と影**「地中海学会月報」地中海学会、二〇〇八年／**38都市ローマを読む**「地中海学会月報」地中海学会、二〇〇一年／**39ローマの噴水**「みずしるべ」ウォーター・デザイン、二〇〇四年「アマレーナ」扶桑社、二〇〇九年／**41ティヴォリの庭園巡り**「室内」工作社、二〇〇六年／**44望楼**「kajima」鹿島建設、二〇〇六年／**47それはボローニャからはじまった**「approach」竹中工務店、二〇〇四年／**48リヴィエラ海岸**「アマレーナ」扶桑社、二〇〇九年／**50蘇るジェノヴァ**「水景の都市（季刊大林別冊）」大林組、二〇〇九年／**51ポルト・ヴェーネレ**「SD」鹿島出版会、二〇〇八年／**55元祖「水の都」ヴェネツィア**「水景の都市（季刊大林別冊）」大林組、二〇〇九年／**56劇場都市・ヴェネツィア**「アマレーナ」扶桑社、二〇一〇年／**57祝祭の舞台**「地中海学会月報」地中海学会、二〇〇六年／**59橋とマリア像、60ヴェネツィアの二つの中心**「アマレーナ」扶桑社、二〇一〇年／**62ヴェネツィアとヴェネト**「X-Knowledge HOME」エクスナレッジ、二〇〇三年／**66日本がめざすべき都市づくり**「月刊不動産流通」不動産流通研究所、二〇一〇年／**67魅力ある水辺空間**「chikai」東京電力、二〇〇九年／**68「街に住む」という感覚**「住団連」住宅生産団体連合会、二〇〇三年／**69イタリアの広場、日本の広場**「地方自治」ぎょうせい、二〇〇三年「建築大百科事典」朝倉書店、二〇〇八年／**70都市の回遊性、71変化のスピード**「地方自治」ぎょうせい、二〇〇三年

〈著者略歴〉

陣内秀信（じんない・ひでのぶ）

一九四七年、福岡県生まれ。東京大学大学院工学系研究科修了・工学博士。法政大学デザイン工学部教授。専門はイタリア建築史・都市史。

イタリア政府給費留学生としてヴェネツィア建築大学に留学、ユネスコのローマ・センターで研修。パレルモ大学、トレント大学、ローマ大学にて契約教授。

主な著書に『東京の空間人類学』（筑摩書房）、『ヴェネツィア—水上の迷宮都市』（講談社）、『シチリア—〈南〉の再発見』（淡交社）、『南イタリア都市の居住空間』（編著、中央公論美術出版）、『地中海世界の都市と住居』（山川出版社）、『イタリア　小さなまちの底力』（講談社）、『イタリア海洋都市の精神』（講談社）『イタリア都市の空間人類学』（弦書房）など他多数。

サントリー学芸賞、建築史学会賞、地中海学会賞、イタリア共和国功労勲章（ウッフィチャーレ章）、日本建築学会賞、パルマ「水の書物」国際賞、ローマ大学名誉学士号、サルデーニャ建築賞二〇〇八、アマルフィ名誉市民、各受賞。

イタリアの街角《まちかど》から
《スローシティを歩《ある》く》

二〇一〇年六月三〇日第一刷発行
二〇一五年九月二〇日第三刷発行

著　者　陣内秀信《じんないひでのぶ》
発行者　小野静男
発行所　弦　書　房
（〒810・0041）
福岡市中央区大名二—二—四三
ELK大名ビル三〇一
電　話　〇九二・七二六・九八八五
FAX　〇九二・七二六・九八八六

印刷・製本　シナノ書籍印刷株式会社

ISBN 978-4-86329-039-6 C0026

◆弦書房の本

イタリア都市の空間人類学

陣内秀信　名著『東京の空間人類学』から30年。「空間人類学」をキーワードに世界屈指の都市空間を明快に解読。空間に潜むメッセージを読み解き、その根源に迫る。イタリア都市史、建築史の第一人者によるイタリア都市論の集大成。〈A5判・448頁〉**3500円**

赤土色のスペイン

堀越千秋　描き、書き、歌う日々！　スペイン在住30余年、画家でありカンテ（フラメンコの唄）の名手でもあるホリコシ画伯が辛口のユーモア溢れるエッセイでスペインと日本の今を切り取る。カラー88点、モノクロ50点の絵を収録。〈A5変型判・376頁〉**2400円**

九州遺産　近現代遺産編101

砂田光紀　近代九州を作りあげた遺構から厳選した101箇所を迫力ある写真と地図で詳細にガイド。産業遺産（橋、ダム、灯台、鉄道施設、炭鉱、工場等）、軍事遺産（飛行場、砲台等）、生活・商業遺産（役所、学校、教会、劇場、銀行等）を掲載。〈A5判・272頁〉**【8刷】2000円**

書物の声　歴史の声

平川祐弘　西洋・非西洋・日本の文化を見つめ続ける比較文化研究の碩学が、少年の頃から想像力と精神力を鍛えてくれた177の書物について語る初の随想集。**【目次から】**『家なき子』／『怪人二十面相』／仏魂伊才と和魂洋才　他　〈A5判・248頁〉**2300円**

万象の訪れ　わが思索

渡辺京二　半世紀以上におよぶ思索の軌跡。一〇一の短章が導く、考える悦しみとその意味。その思想は何に共鳴したのか、どのように鍛えられたのか。そこに、静かに耳を傾けるとき、思考のヒントが見えてくる。〈A5判・336頁〉**2400円**

＊表示価格は税別